DEPOIS DE DEUS...

Dados Internacionais de Catalogação na Publicação (CIP)
(Câmara Brasileira do Livro, SP, Brasil)

Faus, José I. González
Depois de Deus... / José I. González Faus ; tradução de Francisco Morás. – Petrópolis, RJ : Vozes, 2023.

Título original: Después de Dios...
ISBN 978-65-5713-757-4

1. Catolicismo 2. Deus (cristianismo) – Adoração e amor 3. Existência I. Título.

22-130419 CDD-231.6

Índices para catálogo sistemático:

1. Deus : Cristianismo 231.6

Eliete Marques da Silva – Bibliotecária – CRB-8/9380

JOSÉ IGNACIO
GONZÁLEZ FAUS

DEPOIS de DEUS...

Tradução de Francisco Morás

Petrópolis

Tradução realizada a partir do original em espanhol intitulado *Después de Dios...* por José Ignacio González Faus

Direitos de publicação em língua portuguesa – Brasil:
2023, Editora Vozes Ltda.
Rua Frei Luís, 100
25689-900 Petrópolis, RJ
www.vozes.com.br
Brasil

Editoração: Maria da Conceição B. de Sousa
Diagramação: Sheilandre Desenv. Gráfico
Revisão gráfica: Nilton Braz da Rocha
Capa: Érico Lebedenco

ISBN 978-65-5713-757-4 (Brasil)
ISBN 978-84-293-2822-6 (Espanha)

Este livro foi composto e impresso pela Editora Vozes Ltda.

Sumário

Advertência prévia, 7

1 Morte de Deus, 9

2 Colocar-se de joelhos, 17

3 Nudez, 23

Apêndice: Depois do ETA, 28

4 Moral *versus* bondade, 31

5 Fome de justiça ou sede de vingança?, 35

Apêndice: La Manada, a selvageria e os vozerios, 39

6 Catolicismo não cristão, 45

7 Deus materialista, 51

Apêndice: Migrações, 56

8 Depois de Deus: dinheiro ou desigualdade?, 61

Apêndice: Dolça Catalunya..., 70

9 Desejos e direitos, 77

10 Afetividades, 87

Apêndice: Os outros lados da cama, 97

11 "Se isto é um homem...", 109

12 Aviso final: inevitáveis problemas de linguagem sobre Deus, 117

Apêndice: Pobre linguagem!, 124

Conclusão, 127

Se não houvesse Deus, como poderia suportar não sê-lo eu?
F. Nietzsche. *Also sprach Zarathustra.*

Isto é o que existe.
Margaret Thatcher. *There is no alternative.*

Odeio vossas festas religiosas, vossos cultos e vossas oferendas... [O que eu quero é] que flua a justiça como a água, e a equidade como um rio.
Am 5

Advertência prévia

Na intenção de seu autor, este não pretende ser um livro de leitura. Aspira a ser um texto de reflexão ou meditação; para alguns, talvez, inclusive de súplica. O conselho é, portanto, não lê-lo de uma só vez; limite-se a um capítulo por dia, ou a cada dois dias, e que o resto do tempo seja para digerir e tornar *carne própria* as experiências que cada capítulo tenta sugerir.

Além disso, existe neste livro uma série de apêndices ou parênteses que se referem à nossa vida cotidiana, sobretudo políticos, e, obviamente, discutíveis. Quiçá convenha a algum leitor saltá-los, ao menos numa primeira leitura. Para mim, porém, são necessários, pois penso que, se Deus existe, há nisto um significado que afeta todas as dimensões de nosso existir. Por mais distante, transcendente e "inteiramente outro" que Deus possa ser, se Ele existe, diz respeito a nós. Levo a sério o que escreveu K. Barth em seu segundo comentário à Carta aos Romanos. Para compreender esse texto "aconselho encarecidamente a ler todo tipo de literatura *profana*, em especial a dos jornais" (grifo do original, a propósito de Rm 12,1-2).

O mesmo Barth, quando era pároco na Suíça, justificou sua militância na Social Democracia (o Partido Comunista de então), dizendo que, "se aos domingos quero falar do céu, tenho que estar na terra ao longo da semana". Nesta mesma linha, faz algum tempo que me acostumei a encarar os episódios e problemas cotidianos perguntando-me: A partir do Deus, em quem creio, que luzes ou critérios incidem sobre este assunto? Ainda que acredite em outra vida (ou, talvez melhor, precisamente por isso), interessa-me esta terra; e toda cosmovisão ou espiritualidade a partir da qual não me faça essa pergunta me parece autista. Às vezes, a contribuição do tema Deus ou não é muito importante ou afeta mais minha atitude do que o problema estudado (p. ex.: que devo tomar o assunto com mais calma...), pois, com Deus ou sem Deus, as situações têm sua plena autonomia. Mas sempre tento me fazer uma pergunta desse tipo; e o leitor poderia, por exemplo, passar por cima desses apêndices numa primeira leitura, para voltar a eles quando tiver se inteirado de toda a mensagem do livro.

Também estou muito consciente de que, nessa rápida descida do céu à terra, o paraquedas pode aterrissar um pouco fora do lugar, e o paraquedista ficar um tanto quanto malvisto; o que fará com que o leitor se sinta em desacordo. Logicamente! Tudo o que peço, então, é que o leitor faça a sua própria reflexão e a sua própria aplicação com razões e argumentos que tentem abarcar todos os aspectos do problema, não a partir de visões parciais nem com meros qualificativos retrógrados. De modo que, ainda que seja verdade que Deus morreu, que isto não signifique que a verdade tenha morrido e que, nesta hora da pós-verdade, os problemas já não devam ser enfrentados com a cabeça nem com um coração limpo, mas com as vísceras.

Se assim conseguíssemos viver um pouco melhor, seria fantástico para todos, porque a verdade não é propriedade privada de ninguém; só a possuímos *entre todos e quando estamos purificados*.

J.I.G.F.

Setembro de 2018.

1
Morte de Deus

Que Deus está ausente em nossa sociedade europeia é um dado inegável, profetizou Nietzsche, mas este não falou da *inexistência*, tampouco de *morte* de Deus. E, para deixar as coisas claras, acrescentou: "Nós o matamos". Digamos – se quisermos abandonar as metáforas, que são às vezes mais expressivas – que aquilo que morreu foi a pergunta ou o interesse por Deus. O fato é que, por algum motivo, o poeta inglês Thomas Hardy escreveu um longo poema intitulado *God's Funeral*. A metáfora do funeral também me parece expressiva: ao Papai Noel e aos reis magos não dedica nenhum funeral...

A ausência de Deus é, portanto, uma opção nossa, não um dado prévio à realidade com a qual nos deparamos, como é o caso da lei da gravidade. As razões dessa opção diferirão: para que o homem possa crescer e ser livre (Marx ou Sartre), para nos libertar das ilusões infantis (Freud), ou para explicar o escândalo do mal... Entretanto, o que parece claro é que, mais do que a inexistência, nossa sociedade vive no "exílio de Deus", segundo a expressão certeira de Lluís Duch.

1 Que Deus

Desde os inícios da história, o divino foi percebido como um poder supremo a quem devemos o existir, e que age acima de nós. Nos grandes poemas homéricos, as ações humanas (uma batalha, um empreendimento, uma viagem) não têm o resultado planejado pelo homem, mas são decididas por algum poder divino superior. Acontece que, no panteão homérico, os deuses brigam entre si e ajudam os humanos ou os fazem fracassar, seja para satisfazer algum devoto (que lhe ofereceu antes algum presente, às vezes até sacrifícios humanos), seja para aborrecer outra divindade protetora daquele devoto.

No Antigo Testamento perdura algo desse modo primitivo de ver: não é o homem que triunfa ou fracassa em seu agir, mas Deus que produz esse resultado: "O homem propõe e Deus dispõe", dirá o refrão (um tanto quanto tosco, em minha opinião). No entanto, o Antigo Testamento acrescenta a esse modo de ver uma nuança absolutamente nova: Deus dá a vitória ou a derrota, o êxito ou o fracasso, não por simpatias ou presentes recebidos, mas como recompensa ou castigo *por alguma conduta ética*.

A grande contribuição de Israel para com a história humana é essa vinculação profunda entre sentimento ético e vivência religiosa. Por isso, a grande batalha da Bíblia não é a luta contra o ateísmo, mas contra a idolatria. Os ídolos se diferenciam do Deus verdadeiro não por serem deuses menores, mas por serem, por assim dizer, "deuses sem ética". Ou seja, não existem para exigir bondade, mas para darem razão a alguém diante de outros. Linguagens como as de Donald Trump ou de George Bush Jr. confirmam esta observação e mostram até que ponto podemos continuar sendo primitivos no tema sobre Deus.

Esta contribuição do povo judeu culmina no modo com que Jesus de Nazaré revela Deus. Ainda que seja reconhecido e confessado como a manifestação plena de Deus, Jesus não ensina nada sobre Deus. Ele se limita a dizer que podemos chamá-lo de *Abba* (Paizinho), e que isso exige uma mudança de mentalidade que reclame a plena confiança nele e a liberdade-igualdade-fraternidade entre nós, como expressão e verificação dessa dignidade de filhos. A isto Jesus denomina "reinado de Deus".

2 Mais difícil ainda

Dietrich Bonhoeffer escrevia, da prisão hitleriana de Tegel, que o Deus que se revela em Jesus Cristo "põe às avessas tudo o que o homem religioso esperaria de Deus". Um único exemplo disto pode ser o que escreve Paulo de Tarso sobre o modo com que Deus se revelou em Jesus Cristo: "Sendo rico, fez-se pobre por nós, para nos enriquecer com sua pobreza" (2Cor 8,9). Aí são declaradas inúteis todas as religiosidades primitivas a que acabamos de aludir e que muitos católicos (que não querem renunciar a elas) substituem habilmente pelos santos, tranquilizando-se com uma ortodoxia meramente verbal[1]. Mas aí também fica potenciada nossa pobreza humana. E não de maneira mágica, por uma espécie de onipotência divina, mas pela surpreendente solidariedade de Deus.

Quiçá por isso a mística judeu-cristã (em contraposição a outros universos religiosos que cingem a experiência de Deus

---

1. Fala-se de *dulía*, e não de *latría*. Porém, o fato é que os santos funcionam como os deuses antigos, cada um tendo sua especialidade: um para as coisas perdidas; outro para as causas impossíveis; outro para encontrar um noivo; outro para "matar mouros"... E por debaixo de tudo está o desejo de que os santos deixem de ser o que devem ser – isto é, interpeladores que nos provoquem – e se tornem uma espécie de "conectores celestiais".

à própria intimidade ou à natureza) vivencia Deus *na história*: justamente o lugar em que parece mais difícil encontrá-lo. Tão difícil, que o próprio cristianismo cometeu o erro de relegar esse reinado de Deus para além da história, provocando, assim, reações que prometiam o Reino de Deus já nesta vida, ainda que com outros nomes (Paraíso socialista, "Maio de 68", Fim da história etc.), e que hoje, perante seu fracasso, preferem olhar resignadamente para o próprio umbigo ou para o Oriente.

Por toda essa dificuldade é difícil compreender que o exílio de Deus antes evocado tenha produzido uma sensação inconsciente de orfandade, que o próprio Nietzsche descreveu melhor do que ninguém (e quiçá só ele se atreveu a fazê-lo): Para onde vai agora a terra? Caímos sem parar? Vamos para frente, para trás, para algum lado? Vagamos em todas as direções? Ainda existe um acima e um abaixo? Persegue-nos o vazio? Teríamos de nos tornar deuses? Esta série de perguntas só podia nascer na tradição judeu-cristã; isto é, numa cosmovisão na qual a história é um âmbito de criatividade e de progresso. Não ali onde a história é pura aparência ou eterno retorno e o ser humano uma simples parte dessa natureza.

3 **"Perdido no caminho da vida"** (*Divina comédia*, verso 1)

Assim, o exílio de Deus foi primeiramente dando lugar a uma "época de anseio"; em seguida, a uma época do absurdo[2]; e hoje

---

2. O Centro Cristianismo y Justicia recentemente publicou um texto (fruto de um curso dado em Barcelona) intitulado *La era del desánimo*. Também

parece estar surgindo a que caberia chamar de época dos "placebos de Deus", que funcionam como recurso terapêutico para nos sentirmos melhor: apelam para Deus "*pelo consolo* que nos produz, mas não esperam *ser desafiados* por Deus", segundo esta formulação feliz de um teólogo norte-americano. Quiçá, muito provavelmente o perigo de nossos dias não seja o das pessoas não crerem em Deus, mas a crença em ídolos, convertendo assim a própria laicidade em superstição. Depois de Deus, os ídolos?

Vale lembrar, *em primeiro lugar, que a ideia de Deus sempre incomoda*, pois a primeira coisa que ela sugere é uma experiência de alteridade (dito teologicamente, num resumo mínimo ao cristão: "Através do outro chegamos ao Outro"). Mas a alteridade nos perturba, e às vezes muito; algo semelhante dizia o *Zaratustra* de Nietzsche: "Todos somos iguais perante Deus! Mas agora esse Deus está morto".

Talvez por essa razão Nietzsche tenha acrescentado que, uma vez Deus morto, ou nos convertemos em super-homens ou seremos "os últimos dos homens". Mudemos a expressão "super-homens", que soa demasiado presunçosa, e digamos simplesmente que, depois de Deus, ou nos convertemos nos melhores homens ou seremos os últimos dos homens[3]. E não esqueçamos deste aviso do profeta da morte de Deus, pois, vendo como está se comportando a Europa diante das migrações, dos

---

há livro de um filósofo coreano: *La era del cansacio* (traduzido pela Editora Vozes com o título *Sociedade do cansaço*) [N.T.]. • Remeto, além disso, para ampliar textos, ao primeiro capítulo (Del ateísmo poscristiano a la increencia postmoderna) de meu livro *Fe en Dios y construcción de la historia*. Madri: Trotta, 1998.

3. O último homem é "aquele que tudo empequenece", que afirma que "nós inventamos a felicidade", repete Zaratustra. Isto nos diz alguma coisa?

direitos humanos ou do dinheiro... mais parece estarmos caindo na pior alternativa nietzscheana.

Não é este o momento de estudar se essa alternativa tão séria de Nietzsche não seria outra maneira de reconhecer o que Zubiri chamou de "dimensão teologal do homem". E esclareço que ele não disse "teológica", mas "teologal", aludindo, em suas próprias palavras, a uma referência do ser humano à "ultimidade do real". Então, o ateísmo será um "enfrentamento" com essa referência do homem à ultimidade. Esse foi o ateísmo de Nietzsche, e por isso não cabe incluí-lo entre os "últimos homens".

Mas talvez seja o momento de proclamar que se os cristãos se dedicassem hoje (como faz a Bíblia) a denunciar e a ridicularizar esses falsos deuses, "obra de mãos humanas" (o Dinheiro e a Nação entre os primeiros), quiçá prestariam um bom serviço a essa laicidade que tanto buscamos, mesmo com o risco de serem tachados de "ímpios", a exemplo de seus primeiros ancestrais. Mas isto só será bem-feito se simultaneamente (e para não esquecer a história) o fizermos com aquela disposição que Glória Fuertes, com expressão genial, cunhou de "poetas de plantão".

4 Conviver sem ídolos

O ser humano tem fome de absoluto (Zubiri o definia como "relativamente absoluto": dono de si – *solutus ab* –, mas não plenamente dono de si). Este é um paradoxo difícil de suportar. E então, morto Deus, a criatura tende a absolutizar determinadas coisas, grandes ou pequenas, como forma de absolutizar a si mesma, o que dificulta muito a convivência.

Porém, essa difícil tarefa (de denunciar idolatrias e possibilitar a convivência) parece-me hoje possível; pois, curiosamente, o século da morte de Deus foi, além de tudo, um dos séculos com mais experiências místicas em toda a história do cristianismo. E a partir de um Deus autêntico relativizam-se todos os nossos absolutos, assim como relativiza-se a diferença entre o nível do mar e do Everest, se observada a partir do sol ou dos confins da galáxia de Andrômeda... Esta vai ser uma das teses principais destas páginas.

Por isso, também é possível que a morte anunciada por Nietzsche não era exatamente a de Deus, mas a da chamada "civilização judeu-cristã". Isto poderia fazer mais bem do que mal, apontando para o fato de Deus reaparecer hoje renovado em algumas trajetórias pessoais difíceis e desconhecidas – ainda que muito dignas de ser conhecidas – e em algumas pessoas que poderíamos denominar "crentes em outros contextos". Nessas trajetórias, pessoais e comunitárias, não aparece aquilo que Saramago chamou acertadamente de "fator Deus", e que condensa a culpa dos chamados crentes no exílio de Deus; isto é, *acreditar-se proprietários de Deus e dispor dele a bel-prazer*. Uma culpa que São Paulo já havia denunciado dirigindo-se às pessoas religiosas de seu tempo: "Por vossa causa o nome de Deus é blasfemado entre os pagãos" (Rm 2,24). Culpa que hoje perdura[4].

---

4. Quando, a propósito da morte do Bispo Setién, alguém se atreveu a escrever que ele "chegou a ser bispo sem crer em Deus", pretendendo dizer isso em nome de Deus, temos nisso um exemplo do que estou querendo dizer. Obviamente, é possível discordar de algumas atuações de Setién, e isso ocorreu comigo algumas vezes; porém, chegar a dizer semelhante atrocidade é algo que só pode ser feito em nome de um ídolo. Notemos que Nietzsche unicamente afirma que, quanto a Deus, "nós o matamos"; porém, esse *nós* pode se referir

Talvez a tarefa do crente de amanhã não seja tanto a de anunciar Deus quanto a de proclamar o que K. Barth denominou de "significado do fato absolutamente transformador de que Deus existe", com o qual vive todo ser humano, na grandeza e na pequenez, no particular e no universal, sabendo-o ou não[5]. E que é exatamente o contrário do "fator Deus" de Saramago.

Por aí pretendemos trilhar nos próximos capítulos.

---

tanto aos não crentes quanto aos idólatras ou falsamente crentes. É a isso que se refere o "fator Deus" de Saramago.

5. Cf. *Kirchliche Dogmatik* II, 1, p. 289.

2
Colocar-se de joelhos

Aí... naquela incomparável maravilha de pureza... algo mais forte do que eu, pela primeira vez em minha vida, obrigou-me a me colocar de joelhos.
Simone Weil

Mais vale morrer de pé do que viver de joelhos.
Emiliano Zapata[6]

1 "Não adoreis a ninguém"

A primeira das duas frases acima foi escrita por Simone Weil ao dominicano J.M. Perrin, em maio de 1942, antes de partir para os Estados Unidos. O episódio ao qual alude havia acontecido em Assis, em 1937.

Escolhi este texto precisamente porque sua autora ainda não acreditava em Deus e continuou sem crer nele por um tempo, após esse "colocar-me de joelhos", e também porque exem-

6. Na Espanha, esta expressão foi atribuída a Dolores Ibarruri (*La pasionaria*), mas parece mais provável que seu autor tenha sido este líder da Revolução Mexicana.

plifica uma afirmação de seu conterrâneo Marcel Légaut, que me parece fundamental: a adoração é uma das atitudes mais humanizadoras que podemos ter. Légaut afirmava isso num livro intitulado, significativamente, *O homem em busca de sua humanidade*. É que colocar-se de joelhos não é um ato de rendição ou de vassalagem formal, mas diz simplesmente que o homem, ao adotar essa postura, encontra-se perfeitamente em seu lugar diante "daquela maravilha incomparável de pureza" que o envolve. A primeira coisa que acontece na adoração, dizia Karl Barth, é o estremecimento. Por isso, é uma atitude que não pode ser imposta por decreto, já que, se assim fosse, seria uma falsificação.

Tão grande quanto parece, ela é, além disso, uma atitude quase impossível, já que não se pode adorar nada conhecido, por maior que seja. Quando um apaixonado expressa seu amor num arrebatamento e diz "te adoro", está falsificando a adoração, pois aquilo que ele diz implica também (lógica e naturalmente) que deseja possuir a amada. Entretanto, a plena e autêntica adoração só pode culminar na renúncia ao possuir: isto é o que expressa tão simplesmente o colocar-se de joelhos. E, com efeito, quando Simone Weil literalmente caiu de joelhos, ela nada desejava possuir: estava simplesmente inundada e transbordada por aquela "maravilha incomparável de pureza".

"Entrei onde não sabia. Fiquei não sabendo, toda ciência transcendendo." Estas palavras de São João da Cruz se apossaram certa vez de mim (mais do que apropriar-me delas) e me deixaram num sonoro silêncio que, não fosse uma inoportuna chamada telefônica, teria podido durar mais tempo. Ainda hoje elas me servem muitas vezes para preencher momentos vazios de atividade com "um não sei o que" muito mais ativo.

2 O Sem-nome

Essa experiência tem muito a ver com uma das passagens bíblicas mais famosas: quando Moisés (segundo o Êxodo) se sente chamado a descalçar-se (um gesto equivalente ao nosso cair de joelhos) ante um espetáculo impressionante que o convida a ouvir a dor de seu povo e descer para libertá-lo, ele pergunta, logicamente, que nome tem aquele que o chama a fazer tal coisa. E contra toda lógica política, não obtém resposta alguma: quando conhecemos o nome de alguém, de alguma maneira já o possuímos, e por isso mesmo não podemos adorá-lo.

Isto nos leva a perguntar, obviamente, se não deveríamos deixar de chamar de "deus" a Deus, e desta forma poder falar mais dignamente dele. Seria possível objetar: como poderíamos falar dele se sequer sabemos seu nome? A pergunta, porém, continua urgindo. Em castelhano, o termo *Dios*, que vem do grego *Theós*, está profundamente corrompido por toda uma mitologia das divindades gregas, que o convertem não apenas em um nome falso, mas (o que é pior) em um nome *comum.* Os Upanishads da Índia, onde a experiência metafísica é tão profunda que acaba se convertendo em religiosa, parecem se referir a Ele com expressões como "O Incondicionado"[7]; as filosofias mais racionalistas o

7. Ou simplesmente "Aquele", ou ainda a sílaba sagrada "Om". E chegam até a distinguir entre Brahmán e Brahma, com uma distinção que me parece muito similar à que se faz em teologia entre a Divindade Imanente e a Divindade Econômica (Criadora ou Providente).

designam como "O Absoluto"; Tomás de Aquino disse que seu melhor nome é "O Emanuel"; Karl Rahner fala dele como "O Mistério"; e Rudolf Otto, como "O Santo". Platão falava dele como "a ideia do Bem" (mas é preciso explicar que Platão entende por "ideia" a verdadeira realidade, e aqui Deus viria a ser o Sumo Bem). Aristóteles o designou como "O Motor Imóvel", a partir da percepção de que a multiplicidade de mutações que constituem a nossa realidade precisa ter algum ponto de referência firme. E para que não falte algum feminino, evoquemos o título de Elizabeth A. Johnson, para quem Deus é "Aquela Que É".

As próprias quatro letras hebraicas, YHWH, que aparecem como resposta a Moisés (e que eram letras impronunciáveis!), não são um nome próprio, segundo o consenso hoje quase total dos exegetas, mas uma resposta evasiva: "Sou o Que Serei", mais do que "Sou o Que É". Confie em mim, você o verá.

Confirma-se assim que só podemos adorar com verdadeira adoração aquele que não tem nome para nós. E que a verdadeira adoração só pode ser essa entrega incondicional e confiante diante do Mistério que sentimos nos envolver como um mar ou um abraço de gratuidade e pureza, ou ainda diante do que São João da Cruz descreve como "música calada que apaixona" (um dos hendecassílabos mais palatáveis da literatura hispânica).

Quando, após toda a experiência do evento Jesus, os escritos do Novo Testamento concluem com a famosa frase "Deus é Amor", tampouco estão dando uma definição. Não dizem "Deus é O Amor", embora o grego disponha de artigos para tanto. Tampouco estão simplesmente dizendo que Deus tem amor ou é amante. Os relatos só dão um conteúdo a esse Mistério indizível que nos envolve. Neste sentido, à pessoa que se sente ou se acredita "muito religiosa" devemos pedir-lhe que renuncie um pouco a Deus, não para negá-lo, mas para deixar que Deus seja Deus. Com frequência, os que mais falam de Deus são os que de forma mais inapropriada acreditam nele.

3 Mar de gratuidade

De todo o precedente resulta que aquele que se considera crente pode ter uma relação idólatra até mesmo com o Deus verdadeiro: é o perigo intrínseco a toda religiosidade, que, por essa mesma razão, necessita de tanta conversão quanto a impiedade, como sugere Paulo no capítulo 2 de sua Carta aos Romanos (tema do próximo capítulo), quando diz provocativamente aos judeus que eles são tão idólatras quanto os pagãos.

Dito isto, já parece estar bastante claro que os joelhos não devem dobrar-se diante de nenhuma criatura. Muitas histórias do exílio de Deus começaram com a outra frase citada no começo: "Mais vale morrer de pé do que viver de joelhos". Segundo quem a pronunciou, esta frase podia ser expressão ou de um orgulho ególatra ou de um autêntico sentimento da própria dignidade diante daquilo que chamei de "relação idólatra com o Deus verdadeiro". Aqui, no entanto, não é o lugar de julgamentos, mas de realçar que, quando tiverem sido dobrados verdadeiramente os joelhos unicamente diante do Mistério Desconhecido, então é possível deixar de viver de joelhos e escolher morrer de pé. Como aconteceu a Simone Weil, que, por assim dizer, "morreu de pé" sem nunca ter dobrado seus joelhos diante de nenhuma criatura.

Ou melhor, e para levar até o fim o paradoxo do divino: segundo Jesus, será possível ou se deverá dobrar os joelhos perante aqueles nos quais o Mistério do Amor nos chama: os crucificados da terra, os pobres, os humilhados; aqueles a quem até a condição de criaturas se lhes é negada, e perante aqueles cujos joelhos dobrados não podem significar senão respeito, total desapego próprio.

Importante é sublinhar também que esta última afirmação não é nenhuma descoberta moderna, mas a mais antiga tradição dos cristãos. Repetidas vezes, na primeira pregação, os chamados "Padres da Igreja" se enfrentaram com seus ouvintes para dizer-lhes de uma ou de outra maneira: vindes aqui adorar a Deus, mas depois, ao sair da igreja, passais ao largo *diante dele* quando o encontrais desnudo[8].

Trata-se, definitivamente, não de dobrar os joelhos, mas de dobrar *o coração*, espontânea e livremente. O significado transformador da palavra *Deus* é o da Gratuidade abissal. E a partir desta concepção da adoração, única e válida, podemos aos poucos ir compreendendo que essa atitude de dobrar os joelhos não é uma questão de dignidade, mas de *sinceridade total para conosco*: *só dobrando os joelhos nos atreveremos a nos olhar tal como somos*. Sigamos em frente para vê-lo.

---

8. P. ex.: "Honrais o corpo de Cristo [na igreja] com vestidos de seda, ao passo que fora o deixais padecer frio e nudez" (João Crisóstomo, em sua homilia 50 sobre São Mateus). E "Revestiste as paredes e deixaste desnudo o homem" (Basílio de Cesareia, em sua homilia contra os ricos).

3
Nudez

Diz o velho refrão que o hábito não faz o monge. Como costuma acontecer, quem paga a conta são os monges. O sentido do refrão, no entanto, é mais amplo: *não é a roupa que faz a pessoa.*

Prescindindo agora de suas utilidades climáticas em países ou regiões frias, nossa linguagem fala muitas vezes de "vestir-se", não no sentido de aquecer-se, mas de cobrir-se. Por quê?

O desnudo é símbolo da própria intimidade, e que esta não seria muito apresentável; razão pela qual a linguagem cotidiana cunhou a expressão "cobrir as vergonhas". Desnudar-se é, portanto, uma forma de desarme total ao qual a pessoa se atreve realizar somente quando tem a segurança de que, apesar de não ser muito apresentável, será plenamente aceita.

Na Bíblia, esse é quase sempre o sentido de desnudo, que só em uma ocasião aparece como estímulo sexual (quando Davi vê Bersabeia tomando banho). Em contrapartida, nossa cultura parece ter invertido os termos e fez do desnudo corporal uma forma de exibicionismo sexual. Vasculhando um pouco mais, podemos nos dar conta de que muitos desnudos do corpo são, na realidade, trapos brilhantes para cobrir a alma.

1 Vergonha

No entanto, se Deus existe, estamos diante dele animicamente nus e sem poder nos esconder. Esta é outra das razões pelas quais a existência de Deus imediatamente perturba, pois diante dele não valem as cirurgias estéticas com as quais pretendemos enganar os seres humanos. O mito do gênesis imagina Adão se escondendo de Deus porque "estava nu" (Gn 3,10). Mais tarde (e agora a partir de uma segurança plena na total aceitação de Deus), o salmista canta: "Tu me sondas e me conheces; me conheces quando me sento ou me levanto, penetras meus pensamentos, discernes minha caminhada e meu descanso" (Sl 139,1-3). A prática muçulmana de descalçar-se ao entrar na mesquita também pretende significar algo dessa nossa inevitável nudez diante de Deus.

A carta paulina aos Romanos, que antes aludi, ensina em sua primeira parte que essa nossa inevitável nudez diante de Deus implica simultaneamente tanto um juízo de condenação quanto uma acolhida e um perdão plenos e absolutos. Na hipótese do exílio de Deus (ou de "tomar o Santo Nome de Deus em vão", tão frequente entre os que nos dizemos crentes) pode faltar a segunda parte: a sensação de confiança total, apesar de tudo. Daí nossa tendência ao autoengano e nossa resistência em aceitar qualquer juízo sobre nós. Este juízo, no entanto, já está pronunciado e vale a pena nos determos um pouco nele, porque, ao ser um juízo verdadeiro, é acessível também a nós próprios e está presente também fora do cristianismo: por exemplo, naquilo que as espiritualidades orientais (com expressão um pouco ambígua) denominam de "mentira de nosso ego".

2 Humildade

Segundo muitos mestres espirituais, uma das coisas que engrandece o ser humano é a capacidade de reconhecer seus próprios erros e culpas. Por quê? Porque mostra que em nós ainda permanece uma boa dose de bondade, superior ao mal que pudemos ter cometido. Em contrapartida, quando esse reconhecimento não se produz, acontece o que dizem os médicos quando um organismo enfermo deixa de ter febre: "Piorou, já não tem mais a capacidade de reagir".

Da humildade brota a grandeza, diz o Tao. Paulo de Tarso confessa humildemente: "Não faço o bem que quero, mas o mal que não quero"; e o poeta Ovídio, nas *Metamorfoses,* tem um verso quase idêntico: "Vejo e aprovo o melhor, porém faço o pior"[9]. O curioso de Paulo, no entanto, é que ele não coloca essa frase *nos lábios do homem mau, mas do bom.* Para o Apóstolo, essa frase não descreve o pecado, mas a fragilidade humana. O pecado é para ele "chamar o bem de mal" (cf. Rm 1,32). E isso, como fruto de um engano culposo, que agora tentarei explicar.

3 Autoengano

Por quê? Acabo de dizer que, quando alguém reconhece "não fazer o bem que quer, mas o mal que não quer", é sinal de que ainda resta nele suficiente bondade, como dar-se conta da maldade naquilo que faz, e rejeitá-la. Por isso, Paulo dirá em seguida: "Não há mais nenhuma condenação para os que vivem

---

9. *Video meliora proboque, deteriora sequor.*

assim" (Rm 8,1). Em contrapartida, psicólogos do inconsciente e mestres de espiritualidade nos ensinam que em nossa psicologia podem se encaixar processos semiconscientes que, pelo fato de não admitirmos nossa fragilidade, levam-nos a disfarçá-la hipocritamente. Consequentemente, como não estamos dispostos a romper com ela, caímos no engano culposo de chamar o "bem" de mal. "Quem não vive como pensa acaba pensando como vive", dizia um velho refrão.

Em nossa capacidade de autoengano e em nosso afã de autojustificação ronda o que chamamos de "pecado" (por isso, é tão lógico que o pecado pessoal se converta em estrutural). Desse pecado diz muito duramente Paulo: "A ira de Deus se revela contra os que desfiguram a verdade com a injustiça"; e essa revelação da ira consiste no fato de "obscurecer o insensato coração deles" (cf. Rm 1,18.21)[10].

Mas a reflexão de Paulo não acaba aí: se ouço prazerosamente a crítica anterior e nela me regozijo, sentindo-me superior ao que foi colocado em evidência, ouvirei do Apóstolo: "Tu és igual a ele, por julgar assim um ser humano". Ele pode ser um imoral, tu és um fariseu; um é tão mau quanto o outro. O mais

---

10. Em razão das datas em que estou redigindo estas linhas (os dias da inesperada "*moción* de censura"), permitam-me perguntar: Não teria acontecido algo disso no PP e não mostrariam isso algumas das últimas declarações de membros – e "membras" – desse partido? "Quem mal anda mal acaba", diz o velho ditado, ainda que os refrões só se cumpram a metade das vezes. Não quis dizer o que disse anteriormente para condenar, mas para convidar a uma regeneração; pois, em razão daquilo que agora diremos de Paulo, devemos admitir que a política continua precisando de "algumas direitas". Mas direitas regeneradas, para evitar que uma direita corrupta e hipócrita produza uma esquerda farisaica e orgulhosa. • PP é a sigla do Partido Popular na Espanha. Um partido conservador fundado em 1989 [N.T.].

significativo é que, com Jesus de Nazaré, o sentido da palavra fariseu (separado, diferente) mudou. Um termo anteriormente tão venerado passou a ser sinônimo de hipócrita. E Paulo é tão radical, que chega a dizer ao crente: se ages assim, por mais "batizado" que esteja teu corpo, teu coração não o está, e és um incrédulo; ao passo que o incrédulo a quem criticas pode ter o coração batizado, ainda que seu corpo não tenha sido batizado[11].

Em resumo: o ensinamento de Paulo e de Jesus, que tantas vezes temos desfigurado (interesseiramente?), pode ser resumido assim: a carne é *fraca*; o espírito é mais forte do que a carne. Entretanto, só o espírito pode ser *mau*. Com a devida permissão de Platão.

Como em seguida falarei do ETA, permitam-me evocar outro basco que alertava constantemente sobre nossas possibilidades de autoengano: Inácio de Loyola nos convidou mil vezes a nos examinarmos; ele não pretendeu, porém, que repassássemos nossos atos; porém, mais profundamente, nossas motivações ocultas (*moções*, costumava dizer), para descobrir se, para além de nossas razões explícitas, somos movidos efetivamente por outra coisa que ocultamos a nós mesmos. Neste sentido, Inácio parece predecessor de Freud, ainda que não reduza o engano de nosso inconsciente à mera sexualidade. E mais: o material de reflexão de Freud provinha de pessoas enfermas, o de Inácio de pessoas normais.

De fato, a capacidade de autoengano e o temor da nudez que nos constituem não funcionam só no âmbito sexual, mas em

---

11. Obviamente, Paulo não diz "batizado", mas "circuncidado", pois está se dirigindo a judeus. Eu me permiti fazer esta paráfrase com o batismo porque a circuncisão para nós já não tem mais o mesmo significado que tinha para os judeus de então.

outros campos: em nosso modo de tornar inocente (lavar) o dinheiro ou nos nacionalismos (pequenos e grandes), quando com eles não queremos apenas reivindicar um lugar para nós, mas nos erigirmos em donos de todo o território. Simplesmente funciona em tudo aquilo que nos permite amar a nós mesmos pretendendo amar algo mais nobre (uma causa que poderá chegar a ser o próprio Deus, mas que sempre configuramos à nossa conveniência).

4 Deus?

Estas atitudes perante Deus (os joelhos dobrados do capítulo anterior e a nudez inevitável deste) nos permitem compreender melhor aquilo que, com Karl Barth, vínhamos denominando "o significado do fato absolutamente transformador de que Deus existe", que Saramago, por sua vez, chamou de "fator Deus". Os capítulos que seguem pretendem tirar daí algumas conclusões, começando por uma surpreendente. Mas, antes e a partir desta visão de Paulo e Jesus, tentemos, num pequeno apêndice, lançar um olhar sobre outro aspecto de nossa realidade que muito tem a ver com nossas "vestes sumárias" elegantes.

APÊNDICE

Depois do ETA

Lá pela metade dos anos de 1970, quando o ETA e a Revolução Iraniana pareciam estar em seu apogeu, falei num escrito sobre os *etayolás*[12], fato que me custou algumas bofetadas de um amigo basco. Se relato isto nesta ocasião é porque, concluída aquela história, podemos refletir sobre ela a distância, e esse paralelismo entre *etarras* e *aiatolás* me parece expressivo *dessa cegueira humana que se engana revestindo-se de um objetivo nobre*. Sabemos que o homem nunca faz o mal apresentando-o como mal, mas "com aparência de bem", imunizando-se assim contra toda autocrítica ou escuta do outro. Por isso, a expressão *o fim não justifica os meios* é um dos princípios que mais precisamos recuperar, sem ou com Deus. O problema talvez seja como recuperá-lo sem Deus.

Nas escolas de jornalismo de antanho dizia-se que notícia não é o fato de um cachorro ter mordido um homem, mas de um homem ter mordido um cachorro. Se quisermos atualizá-la, diríamos que notícia não é um treinador de futebol criticar o árbitro da partida por ter prejudicado sua equipe, mas por tê-la favorecido injustamente. E que grande notícia!

O que pretendo dizer com este exemplo? Pois bem! Assim como aquela brincadeira entre políticos, que afirmam que a palavra "demissão" não está em seus dicionários (de modo que uma coisa é a RAE [Real Academia Espanhola], e outra a Rapp [Real Academia do Partido Popular], depois de Deus também é imprescindível ver como se deve recuperar toda a importância e toda a ênfase da palavra *autocrítica*. E autocrítica séria.

Voltando agora ao ETA... Chegou a hora de solenemente proclamar que essa "autocrítica" não ajudaria Euskal Herría

---

12. Junção das palavras *aiatolás* e *etarras*. Etarras era uma organização nacionalista armada basca denominada Euskadi Ta Askatasuna que significa Pátria basca e liberdade, mais conhecida na Espanha e mundialmente por ETA [N.T.].

(fez-lhe mais estrago do que bem), mas a outra Euskadi imaginária, feita a seu bel-prazer, e arrogando-se para tanto o título de "autênticos bascos".

Após ter dito isto muito claramente, creio ser necessário, no entanto, acrescentar que sou partidário de transferir todos os presos *etarras* para cadeias próximas da Euskadi imaginária, ainda que sirva apenas para castigar suas famílias ao obrigá-las a transferir-se de Irún para Puerto de Santa María. Temo que isto incomode algumas das vítimas, para as quais todo respeito é pouco. Mas devemos nos perguntar que mal lhes faria o fato de os familiares de seus verdugos terem algum conforto. Seja como for, remeto ao que diremos mais adiante, no capítulo 5, sobre a justiça e a vingança. Pois um dos perigos que corremos ao prescindir de Deus e de sua incompreensibilidade é esquecer que todas as virtudes são, por assim dizer, *bipolares*, e que inúmeras vezes perdemos toda a razão que temos pela forma com que a usamos.

De qualquer modo, com ou sem Deus, convenhamos: "Conhece-te a ti mesmo!" E para todos: não temamos ser viciosamente sinceros conosco mesmos. Podemos sê-lo sem necessidade de nos agredir. Se assim tivesse sido (e por mais que em Euskadi ainda exista um conflito não totalmente resolvido), teríamos sido poupados da praga etarra. Oxalá, poupemo-nos de outras pragas...

4
Moral *versus* bondade

Creio ter sido possível perceber nas páginas precedentes que os primeiros críticos da moral foram Jesus de Nazaré e Paulo de Tarso, muito antes de Nietzsche. Para aqueles dois judeus, a moral não faz o homem bom, mas o torna fariseu. Como a conduta do fariseu não é a dos que agem mal, ele se sente no direito de julgar os outros e de se sentir superior a eles. Entretanto, como somente Deus é superior aos homens e somente Ele pode julgar, o homem moral acaba sendo um ególatra, colocando-se exatamente no lugar de Deus. A Carta aos Romanos e as parábolas do fariseu e o publicano, ou a do filho pródigo, evidenciam esses mecanismos.

A essas críticas *pessoais* de Jesus e de Paulo, Nietzsche acrescentou outra, de dimensões mais *sociais*: a moral, efetivamente, torna fariseus os que a praticam, mas, além disso, converte em "oportunistas" todos aqueles que a impõem, e em amargurados os que sofrem sua imposição. Fariseus individuais, oportunistas e amargurados sociais: todos evidenciam um baixo nível de humanidade disfarçado em nível aparente de moralidade.

1 Autocrítica ou farisaísmo

Em momentos nos quais os níveis morais de nossa sociedade parecem estar em baixa, pode ser útil lembrar este aspecto antes que nos convertamos em fariseus. Parece-me inegável que estamos convertendo algo tão sagrado como a liberdade numa espécie de um "fazer o que me der na telha", e o respeito aos direitos humanos numa reivindicação dos desejos pessoais. Estas duas perversões são, além disso, muito difíceis de extirpar, já que são utilíssimas ao nosso sistema econômico, que se alimenta em grande medida delas. Assim, instala-se o "tríplice C" (crescimento, corrupção, consumismo), que hoje substitui aquele "tríplice A" do fardofranquismo[13], e que nos envolve enquanto nos reduz a simples escravos drogados que se acreditam felizes.

Reconhecida sem paliativos nossa degradação social, gostaria de advertir também sobre o perigo de que a própria Igreja reaja diante dessa degradação da forma "moral" descrita no início. Às vezes, em conversações com pessoas que se presumem "católicas", ouvi juízos sobre o aborto ou sobre a homossexualidade que me escandalizam mais do que possam desgostar-me algumas realidades criticadas por elas. Apelam para a TV13 ou para a Rádio Maria – nunca ouvi nem assisti esses meios de comunicação, mas gostaria de manifestar meu temor de que, querendo (sem dúvida com a maior boa vontade) fazer cristãos seus ouvintes, eles os tornem tão somente fariseus. Por quê?

Em seu tempo Jesus escandalizou muito mais os que pensavam "o socialmente aceitável" do que os chamados "pecadores" (apesar de Jesus despedi-los dizendo-lhes: "não pequem mais"). Foram aqueles, e não estes, os que o levaram à morte, e não sossegaram enquanto não conseguissem não apenas eliminá-lo de seu meio, mas, além disso, impetrando-lhe o castigo

---

13. Alianza Apostólica Anticomunista.

mais exemplar possível. Tão exemplar que as pessoas que acreditam nele, como nós, não se atrevem a segui-lo neste ponto, por medo de acabar crucificado. E me pergunto se a história de sua Igreja não está mais cheia de farisaísmo do que de um verdadeiro seguimento do Mestre.

2 Crer no amor

Esses dados do presente capítulo nos aproximam de um dos grandes dramas e incógnitas da vida humana. Obviamente existem entre nós o bem e o mal; mas somente merece o nome de "bem" aquilo que brota da mais profunda liberdade e sem outra motivação senão a atração exercida por esse Bem. Em meus escritos citei muitas vezes o aguçado comentário de Agostinho de Hipona: "Se alguém faz o bem unicamente por medo do inferno, esse não é bondoso, mas medroso".

A pergunta ulterior para nós é: Como chegar a fazer o bem, não por temor ou por anseio de ser superior (que, repito, mais do que pessoas boas, torna-nos fariseus reprimidos), mas por amor ao próprio Bem? Platão, que também percebeu este problema, pregou a formosura do Bem e a atratividade dessa "Ideia do Bem". Por outro lado, não existe outra realidade que mais necessitemos e que nos realize mais do que esta (uma mãe me referia à pergunta inesperada de sua filha já cinquentona: "Mamãe, tu me amas?"), mas que nós mesmos não podemos conquistar e precisamos recebê-la gratuitamente. "Palavra grande, realidade maior ainda", dizia Santo Agostinho a respeito do amor. Entretanto, esta realidade muito poucos a encontram, e muitos a encontram distorcida.

Aqui emerge a "boa notícia" que Jesus veio trazer: Àquele que é a Realidade mais Séria, mais Última e mais Definitiva, podes dirigir-te com a palavra que expresse mais ternura, mais proximidade e mais confiança. Jesus, em sua época, escolheu a palavra *Abba*. Entretanto, mais do que sua literalidade oral, importa nela o espírito interior. Se, de fato, chegarmos a crer-nos amados, e gratuitamente, por parte de Deus, essa mensagem extrairá o melhor de nós, que tão pouco somos.

Alguns vão descobrindo na vida que existem pessoas que extraem o melhor daquelas com as quais lidam, e outros a desdita de extrair delas o pior (e, de reboque, a intensificação de seus juízos negativos sobre os outros). A quem suspeite que no fundo dessas duas reações está o fato de que as pessoas acabem se sentindo amadas ou atacadas em seus encontros com os outros.

Seja como for, só a bondade, e não a moral, construirá uma sociedade mais cordial do que aquela que hoje temos de suportar, com ou sem Deus. Por essas veredas transita a importância social da mensagem de Jesus.

Ainda que – já que nem tudo é perfeito nesta vida e futebolisticamente falando – possamos dizer que o amor tem um bom "ataque" e uma "defesa" fraca; ou seja, sofre muitos gols, embora acabe ganhando a partida.

E, finalmente, digamos que o amor nos desarruma e rearruma muitas coisas; por exemplo, a do próximo capítulo.

5
Fome de justiça ou sede de vingança?

Um dos significados fundamentais da existência de Deus é que o perdão existe. Perdão em plenitude. Ademais, compatível com uma das maiores, das mais universais e das mais necessárias aspirações da vida humana, como o desejo de justiça: uma justiça absoluta, plena, equânime; não meramente reparadora, mas também criadora.

Essa aspiração colide com outra constatação universal e permanente em nossa humanidade, que é a inevitável imperfeição de nossa justiça; nem tanto pelos casos de corrupção ou suborno, mas pela própria limitação de nossa condição humana: nem somos infalíveis, nem temos todos os dados, nem podemos recuperar as vítimas. E para atrapalhar ainda mais, a justiça não se move com a rapidez que gostaríamos.

Esta inevitável imperfeição de nossa justiça é um dos fatores que contribuem para que a sede de justiça se converta muitas vezes em sede de vingança, realizando de novo aquele provérbio latino que tanto gosto de citar: "o pior é a corrupção do melhor". E assim passamos a acreditar que essa obscura vanglória diante do sofrimento do outro restaura nosso próprio sofrimento. Na realidade, não é assim: mais do que nos restaurar, ela nos envilece. E, além disso, quando na injustiça que suportamos houver vítimas mortais, tampouco no-las devolve. A antiquíssima *lei de talião* ("olho por olho, dente por dente"), quase nos albores de nossa humanidade, já possuía essa consciência; e a lei nasce para tentar reeditá-la. Mas Gandhi acabou acrescentando-lhe: "Olho por olho e, no fim, todos zarolhos".

Dessa mesma intuição brotou a supressão da pena de morte, que é um de nossos grandes passos positivos rumo à humanidade, e que está nos dizendo que os aspectos punitivos de nossas justiças humanas não se fundamentam no fato de que o castigo e a dor do outro nos "façam justiça", mas antes na necessidade de proteger a sociedade de novas injustiças e de novas vítimas.

1 Condenação?

Essa terrível ruptura de nossa condição humana parece sugerir que só Deus (se existe) poderá fazer justiça plena. Então, converte-se em clamor insistente para que, ao menos, *exista* essa justiça transcendente, já que constatamos a impossibilidade de uma justiça imanentemente perfeita.

Mas isso tem um preço elevado: *ninguém pode se converter em juiz de outra pessoa*. Isso nós vimos em capítulos anteriores com as duras palavras de São Paulo: recordemos como, na Carta aos Romanos, ele dá uma boa olhada numa série de condutas do paganismo que, em linguagem paulina, "desfiguram a verdade com a injustiça". Entretanto, quando o leitor judeu talvez já fizesse menção de esfregar as mãos diante daquele revés, Paulo o encara, dizendo-lhe: "És igual ao pagão, tão condenável quanto ele". Já nem tanto por essas incoerências tão humanas que nele condenas, e que tu mesmo as fazes[14], mas por algo muito mais sério: porque, ao julgá-lo e condená-lo, colocas-te no lugar de Deus, único a quem competem o julgamento e a condenação.

Podemos certamente condenar, e às vezes com veemência, *as ações* dos outros. Mas nunca *sua pessoa*, que sempre foge de nós. Esta é uma das exigências mais radicais (e mais transgredidas) da fé cristã, dado que o cristianismo anuncia e promete essa justiça transcendente e plena: "Virá julgar os vivos e os mortos", como reza o Credo cristão. Por isso, gostaria de mostrar ao menos um exemplo concreto dessa exigência.

2 Paciência

Visto que Pilar Rahola teve a nobre audácia de erguer sua voz descrente em favor dos cristãos perseguidos em quase todo o mundo, quiçá valha a pena lançar uma rápida olhada sobre as primeiras perseguições de cristãos. Quando a duríssima perseguição de Décio, naquele clima de temor e de insegurança no qual alguém já não sabia se ia ver sua mulher ou seu filho maltratados em público ou jogados às feras para diversão de uma multidão de loucos, houve ao menos na África alguns cristãos que decidiram montar uma espécie de ETA ou guerrilha urbana para castigar os perseguidores. Outros, sem chegar a tanto, negavam que fossem readmitidos na Igreja os que haviam apos-

---

14. Coisa que presenciei várias vezes na Espanha em relação ao aborto ilegal para os pobres e legal em Londres para os ricos.

tatado por fraqueza e que, posteriormente, pretendiam voltar à comunidade. Emerge aqui o nome de São Cipriano, uma das grandes figuras da época, que se fez cristão depois de adulto e que, numa de suas cartas, explica o quanto lhe custou abandonar todos os costumes ou vícios de sua vida pregressa; ele teve (para que nos pareça mais "progressista") conflitos inclusive com Roma, já na condição de bispo, e que também figura na lista dos mártires.

Ora, Cipriano se defronta com aqueles cristãos decididos a praticar a violência e lhes explica: o juízo definitivo Deus o fará; o que nos cabe agora é ter paciência. Nessa paciência esperançosa alguns poderão imaginar que Deus descarregará uma série de violências infernais sobre todos aqueles criminosos (como rezam às vezes os salmos em preces cuja violência nos surpreende, mas compreensíveis a partir da experiência de um sofrimento intenso, injusto e constante). Outros talvez se limitarão a deixar essa justiça nas mãos de Deus, renunciando a pensar sobre isso e sabendo, como falei em outra ocasião, que a verdadeira justiça não consiste em destruir o criminoso, mas em reconstruí-lo. Isso já é secundário e dependerá do nível ou da dor de cada um. O importante, porém, é que aquela paciência impediu que a fome de justiça se deformasse em sede de vingança. E, ademais, impactou tanto os melhores pagãos, que vários deles se fizeram cristãos. Infelizmente, nem sempre as coisas se mantiveram dessa forma e acabaram se deteriorando, quando teria sido mais fácil mantê-las como estavam, sobretudo a partir do momento em que o cristianismo deixou de ser uma minoria perseguida para se transformar em maioria triunfante.

3 Perdão

Por aqui, talvez, cheguemos a intuir vagamente ou a suspeitar algo que nosso mundo rejeita de maneira cada vez mais incisiva: que o perdão pode ser (para quem o oferece) um autêntico fator de cura pessoal, e também de reconciliação social, que poderia evitar essa "corrupção do melhor", por meio da qual a memória histórica poderia, por exemplo, converter-se em vingança histórica. E também, circunscrevendo-nos agora exclusivamente ao campo da fé, essa outra corrupção do melhor que exporei no próximo capítulo, e que considero muito importante: que o católico deixe de ser cristão.

Antes, porém, permitam-me um polêmico apêndice que ajudará a especificar o tema da vingança e do perdão e a perceber sua dificuldade.

APÊNDICE

La Manada, a selvageria e os vozerios

Este apêndice afeta outro acontecimento que estamos vivendo nos dias em que redijo estas notas e, por isso, quiçá, acusem-me de "patriarcalista", e de carecer disso que hoje se chama "mentalidade de gênero". Refiro-me à soltura dos estupradores de La manada[15]. Uma liberdade não total, mas limitada, enquanto não for decretada a sentença definitiva.

15. La Manada (A Manada): autodenominação de um grupo que estuprou coletivamente uma mulher de 18 anos, em 7 de julho de 2016, durante as comemorações de São Firmino, em Pamplona, Espanha [N.T.].

Não resta dúvida quanto à baixeza e desumanidade da conduta desses personagens. O próprio nome que adotaram como grupo (La Manada) expressa claramente uma opção pelo animalesco e uma renúncia ao humano em tudo que se refere ao sexo. Compartilho também a surpresa com o fato de que a primeira sentença tenha se limitado a qualificar esse crime apenas como abuso, e não como estupro. Essa atrocidade pode ser devida simplesmente a uma imperfeição de nossa legislação que, o quanto antes, deveria ser corrigida. Entretanto, vale lembrar que os juízes devem aplicar a lei, não a moral.

Neste contexto, e após dois anos de cadeia, foi concedida uma soltura provisória aos estupradores, até que a sentença fosse definitiva. Os juízes argumentaram que, na atual situação de desprezo e hostilidade, é "impensável" que esses verdugos voltem a delinquir. Tampouco, convence-me suficientemente o argumento de que é bem provável que, após dois anos de abstinência, quem estava acostumado a transar a torto e a direito contraia a "clássica" síndrome da abstinência; e, em situações desse tipo, a pessoa se esquece de tudo o que é razoável e se engana, convencendo-se de que tudo vai ficar bem e que ninguém saberá de nada, e assim por diante... Não me estranharia, portanto, se voltassem a delinquir. Tampouco estou certo disso. Entretanto, os casos repetidos na noite de São João, na Catalunha, e depois em Andaluzia, por outros infra-humanos que também pretendem denominar-se "manada", parecem reforçar certa ingenuidade presente no veredicto. Não parece nada inconveniente afirmar que, além do direito, os juízes também deveriam saber um pouco de psicologia.

Seja como for, os juízes (uma mulher entre eles) decretaram uma liberdade provisória que não apenas não tem sido aceita, mas que desencadeou manifestações, acusações de patriarcalismo, de agressão à mulher e de parcialidade, como se o fato fosse uma liberdade definitiva, e não provisória. Prescindindo do que disse sensatamente um político do Partido Popular (se a justiça fosse mais rápida, como deveria ser, essa liberdade provisória não pareceria tão discutível), pesam-me as razões abaixo que ninguém jamais empunhou.

Por um lado, ainda que nos custe aceitá-lo, está aquele princípio do direito antigo de que em caso de dúvida sentencie-se em favor do réu (*in dubio pro reo*); esta grandeza é a que faz verdadeiramente democrática nossa justiça. Por outro lado, o direito também exige que a prisão provisória seja sempre a mais limitada possível (por isso, sinto-me em desacordo com a prorrogação dessa provisoriedade para os políticos delinquentes catalães, que contrasta dolorosamente com o modo de proceder no caso de La Manada). E, finalmente, todos devemos aceitar que a justiça deve ser totalmente independente, e não apenas dos poderes políticos, mas também do próprio poder cidadão. Antes, ela sempre era apresentada com uma venda nos olhos (hoje poderíamos apresentá-la com uns tapa-ouvidos). Do contrário, em pouco tempo ficaríamos sem justiça, e a sociedade iria se encaminhando para "a luta de todos contra todos", que (segundo Hobbes) acaba justificando a presença de um tirano. Sem que isso signifique que os juízes não devam ter um pouco mais de sensibilidade social; não por pressões de ninguém, mas em razão da própria missão social que lhes concerne.

Por estas três razões, sem dar-me por satisfeito com a sentença de liberdade provisória, sinto-me também incomodado, mais do que com esses clamores e vozerios, com o próprio fato de terem sido alardeados e animados por alguns meios de comunicação. Com todo meu apoio e respeito ao feminismo, creio também que determinadas mulheres deveriam compreender que pode haver uma demagogia feminista (um "populismo", dizem hoje, não sei por qual razão) que somente levaria ao detrimento da causa[16].

E, partindo de minha ótica cristã, acrescento agora uma frase do evangelho: "No céu existe mais alegria por um pecador que se converte do que por cem justos que não necessitam (ou acreditam não necessitar) de conversão". Oxalá esses pobres embrutecidos cheguem a ser esse *um*. Não conheço qual foi a educação e a história de cada um para ter se embrutecido dessa maneira. Nem sei o que eu teria feito se tivesse tido essa mesma história. Por isso, prefiro ter pena deles, mais do que descarregar minha raiva sobre eles.

O verdugo continua sendo verdugo, apesar de ser humano; e a vítima torna-se inocente pelo simples fato de ser vítima. Apesar de tudo, o verdugo ainda não deixou definitivamente de ser humano e a vítima não perdeu totalmente sua dignidade pelo fato de ter sido agredida. Existe algo aqui que ainda clama por essa justiça misteriosa não destrutiva, mas reconstrutiva.

---

16. Por isso, parece-me pouco feminista aquele cartaz reproduzido pelo *El País* após a manifestação do 8 de março: "Quero fazer o que sai da minha b..." Neste sentido, não simpatizo com a palavra "empoderamento", atualmente tão em voga. Santiago Carrillo já dissera que "ditadura nem do proletariado", e fica meio sem graça aceitar outra ditadura só porque agora é proposta em inglês.

Todas estas observações não constituem uma certeza, mas uma opinião que parece digna de consideração. O desejável seria que, mesmo que não sejam compartilhadas, que elas não sejam desqualificadas com adjetivos, mas completadas com argumentos. E continuemos nossas reflexões...

6
Catolicismo não cristão

A frase do título pode parecer muito dura, mas não é minha. Em 1933, Fernando de los Ríos (um dos pioneiros da Institución Libre de Enseñanza) escreveu: "Pobre catolicismo espanhol, que nunca chegou a ser cristão...!" Pode-se excluir da afirmação a dose de exagero que ela pode ter, mas o que importa agora é nos fixarmos na dose de verdade que ela comporta.

1 Pseudocristianismo

Também na aurora dos anos de 1930, Romano Guardini publicava uma de suas obras mais famosas (*A essência do cristianismo*), na qual dizia que essa essência é simplesmente "Jesus como o Cristo". E o que agora gostaria de destacar é que existem algumas formas de cristianismo conservador nas quais Jesus está praticamente ausente, e parece ter sido substituído por outros pseudocristos.

Confessar Jesus como *o Ungido*, o embebido de Deus (é isso que significa *Cristo*), implica segui-lo em seu anúncio e no trabalho em prol daquilo que Ele mesmo denominou "reinado de Deus". Esse reinado de Deus (que, como já vimos, é consequência do anúncio jesuânico de que Deus é pai de todos) significa que o ser humano está acima do que é sagrado (Mc 2,27-29); significa que os condenados da terra são os preferidos de Deus (Lc 6,20-26); que as coisas feitas a eles são feitas a Deus (Mt 25,31ss.); que o seguidor de Jesus deve perdoar e amar aos inimigos (Mt 5,43-48); que existe uma incompatibilidade radical entre Deus e o dinheiro (Mc 10,17ss.)...

O catolicismo não cristão esquece (ou desconhece) essas características do anúncio jesuânico. Ao esquecê-las, não segue, na realidade, "Jesus como o Cristo de Deus" e o substitui por outros "pseudocristos" que posteriormente impedirão a radicalidade do seguimento de Jesus como esse Cristo de Deus. Os exemplos mais frequentes são:

a) Uma cristificação do bispo de Roma. No século XIX chegou-se a escrever que o papa é como "o Verbo encarnado que se prolonga", e foram-lhe atribuídas expressões que a tradição cristã aplicava a Jesus Cristo ("o mais alto dos céus, o santo e o separado dos pecadores..."). O título "Santo Padre", que ainda usamos tranquilamente, é um vestígio disso. E hoje esses grupos acusam nosso Papa Francisco de "dessacralizar o papado", ignorando que a heresia está no fato de eles tê-lo sacralizado.

b) Uma piedade mariana que não parece dirigida à jovem simples de Nazaré, mas a uma figura semidivina ou a uma deusa grega coroada como rainha e adornada de algumas joias que Maria nunca usou. De maneira vaga ela é envolta num nimbo de pureza etérea que se condensou na expressão *Santa Mãe de Deus*, que não incomoda nem desinstala as pessoas. Porém, se lhes pedíssemos para substituí-la pela expressão *Santa Mãe pobríssima*, elas se negariam a fazê-lo, ignorando que é dessa pobreza que brota a pureza de Maria.

c) Uma devoção eucarística convertida numa espécie de "Deus feito coisa", desligada da Ceia de despedida de Jesus e de seus gestos de partir o pão (símbolo da necessidade) e de compartilhar o cálice (símbolo da alegria). Assim coisificado, Deus pode ser tranquilamente adorado, e é possível participar da fila da comunhão quase à margem de toda a celebração eucarística, só para "receber graça", como quem saca dinheiro de um caixa eletrônico, mas sem que essa graça nos leve a compartilhar as necessidades e a comungar as alegrias.

d) Uma última característica desse catolicismo não cristão, fonte quiçá dos três anteriores, pode ser uma forma de "relação contratual" com Deus, que permite convertê-lo em propriedade nossa, contanto que cumpramos nossa parte do contrato. Exatamente a relação com Deus que Jesus criticou como *farisaísmo*: tendo Deus como propriedade privada nossa, somos os melhores e podemos nos sentir superiores aos outros.

É por isso que se repete a velha piada (colocada nos lábios de uma pobre idosa, mas que está em muitos corações não tão idosos): "O papa pode mudar o que bem entender, mas, no fim, quem se salva somos *os de sempre*". E "nos salvaremos" porque esse tipo de catolicismo substituiu a confiança, que é o mais característico da fé, sobretudo pela segurança que nos exime da entrega confiante. Por isso devemos repetir que o maior inimigo da fé verdadeira não é propriamente a incredulidade, mas a tentação da segurança. Pouco suspeitaram disso "os de sempre", que correm o risco de ser "os de nunca".

2 Cristianismo

Quando me cabe ser testemunha qualificada de algum casamento cristão (não "casá-los, porque são só eles que se casam, obviamente), costumo recorrer, para explicar isto, à mudança de significado da palavra *aliança*: No Antigo Testamento o vocábulo procede dos pactos entre duas nações; é um autêntico contrato, e quem o infringe merece castigo, além de torná-lo nulo. No casamento, em contrapartida, os nubentes se entregam um anel com as palavras "recebe esta aliança em sinal de meu amor e de minha fidelidade". Aqui a segurança da letra escrita foi substituída pelo risco da confiança pessoal. Muito mais dura e muito mais indefesa; no entanto, muito maior.

Realmente, pouco cristão é esse panorama descrito, ainda que se apresente como "muito católico": sua característica mais distintiva não é a confiança em Jesus, mas o medo de Jesus e de seu anúncio sobre o "reinado de Deus" que, por assim dizer, horizontaliza todas as verticalidades pseudorreligiosas. Ou o faz, não *substituindo* a vertical pela horizontal (algo que Jesus nunca pensou), mas *substituindo* a horizontal pela vertical.

Neste sentido, o típico do cristianismo, perante outras cosmovisões, religiosas ou descrentes, é a síntese – impossível quiçá, mas à qual deve tender – entre a máxima afirmação da Transcendência e a mais plena afirmação da imanência: a entrega completa ao *mais além* e a plena dedicação aos *mais aquém*. Porque, por mais incompreensível que pareça, Deus é o infinitamente distante, o incompreensivelmente próximo e o profundamente íntimo.

Oxalá, quando Manuel Azaña Díaz disse que "a Espanha deixou de ser católica", tenha querido dizer que a Espanha está tentando começar a ser cristã. E deveríamos nos perguntar seriamente que parte de culpa têm esses cristianismos falsificados nesse desaparecimento de Deus do horizonte que estamos examinando. A pergunta não é minha: no-la deixou o Vaticano II ao afirmar que entre as causas do ateísmo estão "os próprios crentes que [...] mais escondem do que manifestam a face genuína de Deus" (GS 19).

Para esse exame não faria mal algo do que afirma o próximo capítulo.

7
Deus materialista

Meu amigo, o barbudo inominável, não acreditava em Deus. Mas acreditava cegamente em outra divindade mais cômoda, que dava muito sem nada exigir. Chamou-a de "materialismo dialético". Era uma espécie de "divina providência dialética", cujas leis físicas garantiam a queda do capitalismo por seu próprio peso e a aparição de um paraíso materialista em que o homem poderia escolher se ia pescar pela manhã ou caçar pela tarde...

Com isso, ademais, acreditava "colocar em pé" a dialética de Hegel. Mas a única coisa que fez foi dar-lhe algumas asas para subir ao céu, bem longe desta complicada terra onde ele queria situá-la. Por sorte, meu amigo deixou a filosofia, passou para o lado da economia, e fez a mais séria crítica ao sistema "que mata". Pena que seus ensinamentos filosóficos sirvam hoje a muitos como escusa para não dar crédito às suas análises econômicas...!

Pois, inclusive em sua filosofia, havia uma intuição válida: o chamado "materialismo histórico" converteu-se (com esse nome ou outros) em excelente ponto de partida para hoje filosofar. O que meu amigo, o barbudo inominável, não suspeitava, é que esse materialismo histórico não se fundava em seu pretenso materialismo dialético, mas em outro "materialismo teológico" (um nome que tranquilamente podemos dar à fé cristã).

1 "Carne"

De fato, o mundo em que foi amalgamado o cristianismo era um mundo completamente hostil à matéria. Por mais belas que fossem as Vênus de Praxíteles ou de Milo (e, sobretudo, seus modelos), o platonismo (e o neoplatonismo posterior, que acabou impondo-se com Plotino) tinha muito claro que a matéria é o grau ínfimo da emanação dos seres a partir da divindade. Tão ínfimo que, nas filosofias e religiões do Oriente, a matéria e a história são pura aparência (*maya* ou *shamsara*): com elas ocorre o mesmo fato de quando estamos sonhando: cremos ser real algo que não é.

Por tudo isso, a palavra carne (*sarkx*, em grego) costuma ter um sentido claramente negativo (diferente, aliás, do significado sexual que costumamos dar-lhe). Assim, quando o prólogo do quarto evangelho proclama que a "Autocomunicação de Deus se fez carne", nossa tradução atual (carne) priva essa palavra de toda força que tinha então: teríamos que dizer, ao contrário, que a Comunicação de Deus se fez pequenez, insuficiência, miséria[17].

Ora, frente a esse quadro em que nasceu, o cristianismo afirma coisas bastante estranhas. Já no século II, Irineu de Lyon (o primeiro e, quiçá, o melhor teólogo cristão) se atreveu a escrever que Deus deu início a todo o processo criador *propter carnem*; ou seja, pela matéria[18]. Não muitos anos mais tarde,

---

17. "Es va fer *no-res*", diz uma expressiva tradução litúrgica catalã.

18. *AH* IV, Prólogo: "pela matéria Deus deu início a todo o seu plano". Mais tarde concretizará esse tema dizendo: "para os homens..." (IV, 20, 7). E, em outro momento: "Cristo é salvador por ser Deus [...], mas é salvação por ser

Tertuliano (o grande criador da linguagem teológica) cunhou um jogo de palavras que se estendeu até o latim: *caro cardo salutis* (a matéria é o eixo da salvação). Em nossos dias, o Profeta Pierre Teilhard de Chardin fez um lindo canto teológico à matéria[19]. E Karl Rahner condensou a razão de todas essas ponderações em uma definição de matéria como "espírito entumecido"[20].

Por isso Jesus, o retrato vivo de Deus, deixou dito muito claramente que não encontramos Deus no templo, na missa e na oração (por mais necessários que nos sejam), mas nas coisas mais materiais como dar de comer, dar de beber, dar vestimenta, abrigo ou casa...[21] Ao extremo, o russo Berdiaeff cunhou outra forma dialética de materialismo, muito diferente daquela de Marx: "O pão para mim é um problema material; o pão para meu próximo é um problema espiritual".

Materialismo espiritual: matéria não degradada a partir de Deus, mas transformada por Ele. Isso é o cristianismo frente a um materialismo sem espírito, que acaba reduzindo as pessoas

---

carne" (III, 10, 4). Assumo como sinônimas as palavras *carne* e *matéria*. Irineu falará depois de uma matéria "possuída pelo Espírito".

19. "Bendita sejas tu, áspera matéria, que nos obrigas a trabalhar se quisermos comer. [...] Se quisermos conservar-te, temos que sublimar-te na dor após haver-te apertado voluptuosamente em nossos braços. [...] Arrebata-me, Matéria, para o alto [...] ali onde por fim será possível abraçar castamente o Universo".

20. *Escritos de Teología*, VI, 198: La unidad de espíritu y materia en la comprensión de la fe cristiana.

21. Aqui não há espaço para tratar sobre o que isto pode significar para essa recuperação do *cuidado* como característica especificamente feminina, que reivindicam hoje muitas teólogas feministas. Remeto apenas às preciosas páginas de Carmen Magallón no Cuarderno 209 de *Cristianismo y Justicia*: ¡Despertemos! Propuestas para un humanismo descentrado.

a meras *coisas*, e frente a um espiritualismo sem matéria, que acaba sendo reduzido a meras *ideias*.

2 Pessoas ou máquinas?

O Deus materialista é, paradoxalmente, a maior garantia do espírito. Se não somos de alguma maneira criaturas de Deus, mas fruto de um cego acaso, então todos os nossos pensamentos, afetos e atos de vontade são exclusivamente meras reações químicas. Somos apenas uma máquina mais complexa, perfectível talvez, mas na qual não cabe essa palavra "dignidade", que utilizamos como distintivo de nosso ser pessoal: uma máquina é bem tratada por puro interesse nosso, mas não porque tenha uma dignidade que exija esse tratamento; e quando já não interessa, a descartamos. A dignidade humana passa a ser, então, um puro mito cujo valor temos de reconhecer enquanto tal.

Por isso parece se tornar mais sério o temor de Nietzsche de que acabemos sendo os últimos homens em seu afã passional de criar o super-homem. Em contrapartida, se somos pessoas e não máquinas, esse materialismo teológico que tentei expor terá muito a ver com a história. Sem ela não há fé cristã. Poderá haver uma espécie de panteísmo cósmico ou piedade intimista, mas não fé *cristã*.

3 A caminho

E essa recuperação da história não a fazemos agora inocentemente, mas porque uma das características da história neste

Planeta Terra é que desde seus albores ela é totalmente marcada pelos movimentos humanos e pelas migrações. E isto também vale para hoje, ainda que lhe façamos resistência.

As religiões e os deuses nasceram na consciência humana mais tarde, com caráter extremamente local (coisa compreensível em épocas mais estáticas): o deus ou os deuses são deuses *desta* tribo, *deste* país; portanto, deuses particulares. Israel, em contrapartida, nasce migrando: "Saindo de sua terra" como Abraão; e seu Deus é um Deus do "êxodo". Mais tarde, apesar de sua preocupação monoteísta e de sua concepção de Javé como Deus "do povo", Israel acabará descobrindo a totalidade no exílio e dá à luz o universalismo (*katholikós*) cristão. Jesus nos é apresentado, já em seu nascimento, reproduzindo a trajetória migratória em que seu povo se havia gestado. E, em sua morte-ressurreição, rompe o fechamento de seu povo convertendo-o num povo "universal".

O Deus materialista tem, pois, muito a ver com o Deus migrante. A terra é de todos (não somente minha, nem nossa). E suas apropriações privadas só valem quando são uma maneira de garantir esse acesso *de todos* à terra. Este caráter migratório da fé foi aplicado posteriormente à própria existência humana: toda vida humana é uma "migração". Por isso, nós crentes "não temos aqui residência permanente, mas buscamos a futura" (Hb 13,14).

A partir disso, e dada a atualidade e a gravidade do problema das migrações, vale a pena acrescentar a este capítulo outro apêndice sobre o tema que se circunscreve apenas à Europa.

APÊNDICE

Migrações

Não vos parece estranho que nos oponhamos hoje com tanta resistência à chegada de africanos? Há uns três séculos os desejávamos tanto, que nós mesmos íamos buscá-los.

Qual é a diferença? É que antes os buscávamos para em seguida vendê-los como escravos. Os grandes pontífices de nossa modernidade (de Voltaire a Montesquieu) louvavam essa forma de "emigrar", que muito contribuiu para o desenvolvimento da Europa e, ademais, servia para manter o baixo preço do cacau que vinha da América. Tampouco a Igreja europeia fez grandes obstáculos a essa forma de emigrar. E se algum insensato como Pedro Claver (tinha que ser catalão!) se dedicava a cuidá-los e a querê-los, até mesmo seus companheiros de congregação o denunciavam a Roma, não por má conduta, mas por ser "pouco inteligente".

E a geografia que estudei enquanto criança (há muitos anos, mas nem tantos...) mostrava que quase todos os países africanos tinham como que um *sobrenome* europeu: Congo *Belga*, Guiana *Espanhola*, Guiana *Francesa*, Guiana *Inglesa* ou inclusive um pomposo nome completo como *Côte d'Ivoire*. Os que não o tinham, era porque faziam parte de uma *Commonwealth* que, na realidade, significava *Our wealth* (os nomes muitas vezes corroboram aquela definição da hipocrisia tipo "homenagem do vício à virtude"). Ainda hoje diferenciamos entre África francófona e África anglófona. E foi na época de minha adolescência que passou a se falar de *independência* dos países africanos.

O que tudo isso significa? Simplesmente que os imigrantes são nossos credores ou filhos de nossos credores. Temos uma dívida para com eles e devemos pagá-la. Pode ser que essa dívida não seja minha nem particular, mas de meus ancestrais, e já sabemos que essas dívidas não prescrevem; e, como diziam recentemente nossos banqueiros à Grécia, quem a contrai deve pagá-la.

Cumpre-se, assim, uma lei que a história nos ensina profusamente e que nos negamos a aprender: medidas que a curto prazo produzem resultados espetaculares têm, ao longo do tempo, consequências catastróficas. E outra vez coloco o exemplo da instalação da monarquia no Israel bíblico: em poucos anos ela converteu aquele pequeno povo num império; a médio prazo, porém, acabou na divisão do país, no desterro na Babilônia e na destruição do Templo. E o exemplo se repete: o mesmo se passou com muita gente jovem com o chamariz da droga; ocorreu-nos há pouco (ainda que não o tenhamos aprendido) com a "bolha imobiliária", que produziu um espetacular e momentâneo desenvolvimento, mas acabou nos levando a uma das mais fortes crises econômicas; o mesmo acontece com as mudanças climáticas e o câncer atual do Planeta Terra, consequência de nossa rápida prosperidade e da compreensível inveja dos outros por imitá-la...

Tudo isso não impede que as migrações possam constituir um problema sério, pelo simples fato de que não podemos digerir tanto em tão pouco tempo. Nem para que esse problema real gere reações egoístas exageradas e xenófobas, sobretudo se não o abordamos de maneira mais racional, mais humana e menos egoísta. É uma boa oportunidade para falar de nossas afetividades e a relação que "tudo isso tem a ver com Deus". Mas, o que parece mais claro agora é que semelhante problema precisa de uma solução global, já que nenhum país pode revolvê-lo sozinho. Gestos como o de Pedro Sánchez com o Aquarius são belos e exemplares, mas não são soluções[22]. Oxalá sejam uma chamada de atenção para que nos decidamos a enfrentar o problema em nível europeu, ao invés de *trapacear* dissimuladamente.

Não sei qual deverá ser a solução, mas lembro uma frase de um antigo diretor do Esade [Business School]: "As soluções são como o dinheiro; não o temos, mas temos como buscá-lo". Alguns pensam que, se somos tão valentes e fortes para bombardear "Líbias" e eliminar ditadores, também devemos sê-lo para acabar com as máfias que se aproveitam dessas pobres pessoas que correm perigo de morte (o que ninguém sabe é se por trás dessas máfias não estejamos nós mesmos). Há também quem pense que, se temos sido tão sábios para nos desenvolver tanto, também devemos sê-lo para contribuir para com o desenvolvimento desses países, criando neles fontes de riqueza e de trabalho que evitem que o horizonte da criança que lá nasce seja o de morrer de fome ou de sede. O que não se sabe também é se estamos dispostos a aceitar que os benefícios desse desenvolvimento sejam para eles mesmos, e não para nós, pagando, assim, a dívida que temos para com eles.

Do contrário, o Mediterrâneo, ao invés de ser um mar privilegiado "no meio da terra" [mediterrâneo], aos poucos irá

---

22. Pedro Sánchez, chefe do governo espanhol, em 2018 autorizou a Espanha a receber o Navio Aquarius, com 629 migrantes e refugiados – que a Itália havia recusado receber –, com o seguinte argumento: "É uma obrigação ajudar a evitar uma catástrofe humanitária e oferecer um porto seguro a essas pessoas, cumprindo desta forma as obrigações do direito internacional" [N.T.].

se convertendo num depósito de cadáveres, e quiçá chegue um momento em que suas águas estejam tão irremediavelmente infectadas, que nossos filhos, quando forem à praia, sejam obrigados a usar máscaras para se banhar. E não nos espantemos se, como preveem nossos ecologistas, essas águas sujas tão logo comecem a invadir nossas cidades costeiras...

Nesse dia o *mare nostrum* terá se convertido em *mare monstrum*; e o *Medi-terrâneo*" em *Medi-avernário*: não centro da terra, mas centro do inferno[23].

23. Em mitologia, *averno* é o lugar onde as almas dos mortos vão, e por ser subterrâneo, algumas religiões o associam ao inferno [N.T.].

8
Depois de Deus: dinheiro ou desigualdade?

Viemos sugerindo de mil maneiras que o ser humano tem fome de absoluto e que, quando não existe absoluto, tende a absolutizar muitas coisas extremamente relativas. Juan de Yepes o poetizava de maneira simples: "que estando a vontade / da Divindade tocada / não pode ser paga / senão com Divindade". O primeiro Sartre aceitava esses versos; mas, a partir da inexistência de Deus, concluía que o homem é "uma paixão inútil"[24]. E hoje, no exílio de Deus, parece que estamos nos enchendo de pequenas paixões inúteis, mas que, não obstante inúteis e pequenas, nos sentimos dispostos a matar (ou deixar morrer) por elas.

Neste capítulo vamos nos defrontar com a mais perigosa dessas paixões inúteis: o dinheiro. Tanto que ele poderia ser chamado assim: *Depois de Deus, o Mercado Absoluto?*

É muito conhecida a frase de Jesus: "Não podeis servir a Deus e ao dinheiro"[25]. Ora, a conclusão é bastante óbvia: *se*

---

24. Digo expressamente "o primeiro Sartre" porque tenho a sensação de que o Sartre já maior, com seu descobrimento da ética, aprende que talvez exista uma paixão no homem que não seja tão inútil.

25. Comentada mais extensamente no primeiro capítulo do livro *El amor en tiempos de cólera... económica.* Madri, 2013. Também vale a pena ler o texto de W. Benjamin, *El capitalismo como religión*, citado naquele livro em apêndice.

Deus não estiver, então podemos servir ao dinheiro. E o Dinheiro é o maior inimigo de Deus porque é o maior inimigo da *igualdade* entre os homens; e a igualdade de todos é a mais decisiva consequência da existência de Deus.

Ninguém nega que o dinheiro é muito necessário e pode resolver muitos problemas. Digamos que ele é tão indispensável quanto a água. Mas a idolatria começa quando alguém tem garantida sua necessidade de água e, no entanto, empenha-se em acumular mais e mais água. No caso da água, pode ser uma estupidez; no caso do dinheiro, uma autêntica idolatria.

Por quê? Porque o dinheiro, além de resolver muitos problemas, é a maior fonte de reconhecimento e de admiração que nós seres humanos temos, além de ser onipotente e fecundo por si mesmo. E, ademais, ultimamente é cada vez mais "invisível". Onipotente, criador do nada, invisível: não seriam todos atributos de Deus?

Por outro lado, acabo de dizer que um dos significados mais importantes do fato absolutamente transformador de que Deus existe é que a *igualdade se converte em uma categoria absolutamente teológica*[26]. E é precisamente por isso que nossa cultura corre o grande risco de fazer dela um uso totalmente hipócrita: apelamos para a igualdade só quando nos convém, e a colocamos em prática quando nos serve.

1 Desigualdades

Nosso sistema é intrinsecamente criador de desigualdades. Só dessa maneira consegue crescer. Por isso, permito-me sorrir diante da

---

26. Remeto, para esta temática, à segunda parte do comentário ao livro de T. Piketty: *¿El capital contra el siglo XXI?* 2. ed. Santander: Sal Terrae, 2015.

ignorância da ministra da economia espanhola quando propõe "que a saída da crise chegue a todos". Será que ela não sabe que, quando isso acontecer, a recuperação terá terminado em razão da simples dinâmica intrínseca de nosso sistema? E que o PP [Partido Popular] a acusará de ter desastrado a magnífica Espanha que ele nos deixou?

Outrora acreditou-se criar um remédio para essa falha do sistema por meio de impostos. Hoje volta a ser meridianamente claro que, se Deus existe, não se deve pagar impostos, porque as desigualdades são a coisa mais natural do mundo. Inclusive ouviremos dizer que baixar impostos "é coisa das esquerdas" (isso seria verdade se referisse ao IVA e aos impostos indiretos; mas costuma-se dizê-lo em referência aos impostos diretos).

É que, interesseiramente, continuamos aplicando à ideia de impostos o cruel e mesmo significado que tinha nos tempos dos césares romanos e dos herodes judeus, quando os impostos só serviam para o exército (sacralizado pela idolatria dos países de origem) e para a boa-vida dos mandachuvas. Não entra em nossa consideração o tema dos impostos *para o bem comum e para promover igualdade*.

O grande protetor deste grave pecado fiscal é o consumo desmesurado. Cria-se assim um triângulo isósceles, cujo vértice superior é o consumismo e os vértices inferiores são a publicidade e os impostos. O sentido de uma vida sem finalidade é consumir, e para consumir faz-se necessária muita publicidade e poucos impostos. Poucos impostos porque, naturalmente, a sociedade de consumo tem uma dinâmica de máximo benefício, que a leva a produzir só para quem pode pagar bem. E para poder pagar assim é preciso ter mais do que o necessário.

Logo nos taparemos as vergonhas com essa história de ciência estadista (definida como "ciência que ensina que, se tens dois carros e eu nenhum, temos um carro para cada um"). Ou com o exemplo já visto de K. Marx: se numa cidade há duzentas pessoas que não têm sapatos e nenhuma delas dispõe de dinheiro para comprá-los, nessa cidade ninguém necessita de sapatos. A produção se orientará, portanto, para outros produtos "mais rentáveis".

Pois bem, agora [2018] que estamos nessa de "cinquenta anos do 68", conviria lembrar que naqueles idos corria, como fogo de pólvora, o livro de H. Marcuse (*O homem unidimensional*), cuja tese era a de que nossa sociedade está montada sobre uma miríade de *falsas necessidades*. E que, com o tempo, isso nos torna homens unidimensionais[27], obrigando que nos armemos vorazmente.

Devemos proclamar, portanto, que, ao menos vistos a partir de Deus, os impostos não são "um roubo", mas, ao contrário, uma forma de evitar que eu me converta em ladrão. Pois, ao menos segundo a doutrina cristã sobre a propriedade, quando eu tenho suficientemente cobertas todas as minhas necessidades *reais*, tudo o que me sobra *deixa de ser meu* para passar a ser propriedade de quem o necessita; e se o retenho, converto-me em ladrão. Por si só isto surpreende, e me permito citar pela enésima vez algumas palavras conhecidas de Paulo VI:

> Se a terra foi feita para propiciar a cada um os meios de subsistência [...], todo homem tem direi-

27. Pode-se objetar com razão que necessidades que se iniciaram como artificiais acabam se convertendo em verdadeiras quando se generalizam e se sedimentam em estilo de vida. Mas este argumento só conserva sua força quando o verbo generalizar significa universalizar realmente, e não torná-lo simplesmente exclusivo do grupo, o que determina a estrutura social. Sendo assim, estaríamos claramente diante de uma autêntica luta de classes.

> to a encontrar nela o que lhe é necessário [...]. *Todos os outros direitos, quaisquer que sejam, incluindo os de propriedade e de livre-comércio,* não devem estorvar, mas, ao contrário, facilitar a realização desse direito primário. E é um dever social grave e urgente fazer com que eles voltem à sua finalidade primeira[28].

E um fator decisivo para facilitar todo esse roubo fiscal e possibilitar um consumismo cego é a publicidade. Também poderíamos dizer, seguindo o título deste livro: "Depois de Deus... a publicidade".

2 Publicidade

Efetivamente, hoje a publicidade emigrou para a nossa sociedade tudo o que resta da antiga linguagem religiosa. Como já disse em outra ocasião, essa linguagem era composta por *um imperativo e uma promessa* (ou, às vezes, uma ameaça). E era, ademais, uma linguagem brega e de mau gosto, ao menos para a nossa mentalidade atual. Nela podemos ver um exemplo nítido do que antes dizíamos a respeito de nossa capacidade de autoengano. Os profissionais da publicidade lhe dirão que só pretendem informar, não impor, e tampouco enganar. Porém, quando você sintoniza uma transmissão radiofônica, surpreen-

---

28. *Populorum Progressio*, 22, grifos meus. Acrescentemos, como consequência deste "grave dever social" não cumprido, outras palavras do bispo de Roma [Francisco]: "Enquanto as ganâncias de alguns crescem exponencialmente, as da maioria ficam cada vez mais longe do bem-estar daquela minoria feliz [...]. Instaura-se uma nova tirania invisível [...] que, cedo ou tarde, provocará sua explosão [...]. Porque a iniquidade provoca a reação violenta dos excluídos (*La alegría del evangelio*, 56 e 59).

dentemente a publicidade abandona o tom objetivo e sereno da informação para subir a um tom mais alto, chegando ao vozerio estridente e apaixonado. Mais alguns exemplos atuais que podem ilustrar o que estou dizendo:

> Dizem-nos que um banco está "criando oportunidades". Porém, as publicidades, como em segredo de confissão, omitem-se em informar que essas oportunidades são principalmente para os bancos. Comunicam-nos que uma empresa vive "inovando para as pessoas". Porém, evitam acrescentar que essas pessoas são, sobretudo, eles mesmos, que inovam para conseguir o maior autobenefício possível. Contam-nos que querem ser nossos amigos, nos quais podemos confiar e recorrer para nos aconselharmos e resolvermos nossos problemas. Mas, embora insinuem ser gratuito esse conselho, no fundo têm em mente uma bela mordida na conta. Outrora já me queixei da baixeza desses anúncios que, por exemplo, ao se aproximar o Dia das Mães, afirmam que "vale a pena ser mãe", já que ela pode concorrer ao sorteio de 17 milhões de uma determinada loteria. E ainda que, neste último caso, seja por uma nobre causa, temo que defender nobres causas com recursos não tão nobres acabe sendo desastroso, por mais eficaz que a curto prazo possa parecer. Pessoalmente, deixei de ouvir *Carruseles Desportivos*[29] e outros programas similares, pois já não há como se inteirar do que acontece numa partida de futebol: agora que os locutores são três, em vez de um (como era nos idos de Matías Prats), dedicam-se a fazer presu-

---

29. *Carruseles Desportivos* é um programa de radiodifusão com comentários esportivos transmitido pela La Cadena SER (Sociedad Española de Radiodifusión), cobrindo os principais eventos futebolísticos da Espanha (p. ex.: La Liga), bem como jogos da Uefa etc. [N.T.].

> míveis graças entre eles, e na hora do gol, após incessantes berros e palermices grotescas, surge imediatamente algum anúncio de empresa afirmando que "tu também podes ter êxito em tua vida" se comprares determinado produto. Em resumo: é uma lástima que agora não nos contentemos mais com Deus, pois seria um ótimo momento para repetir que, se isto não for um golpe montado, "que Deus venha e o veja com os próprios olhos". A era da pós-verdade nasceu justamente da publicidade, e deveríamos imaginar que, se anunciam tanto, é porque devem vender pouco, como insinua outro anúncio: "O dia em que te juntares a nós deixaremos de nos anunciar..."

Esse triângulo, em cujo vértice está o consumo e em cuja base estão a publicidade e o pecado fiscal, é um dos declives para os quais podemos hoje deslizar, e que Nietzsche tanto temia: ao invés de super-homens, converter-nos nos "últimos dos homens". A igualdade entre os seres humanos (um dos maiores significados do fato transformador de que Deus existe) se deforma então nas desigualdades vistas com a maior naturalidade. A ninguém lhe ocorre repetir hoje aquela estupidez que abre a Declaração dos Direitos Humanos: "Os seres humanos nascem todos iguais em dignidade". Hoje, isto é um insulto e um ataque à própria identidade; aliás, de que tanto necessitamos. E assim criou-se a grande tragédia do grito da Revolução Francesa, que se converteu em *liberdade contra a fraternidade e contra a igualdade*. E não há outra liberdade. Ao contrário, é um ataque a essa necessidade de "identidade" que hoje tanto nos assedia.

Esta absolutização do consumo é reforçada ao envolvê-lo num quadro de um imperativo absoluto, que é o da felicidade, partindo do pressuposto tácito de que a fonte da felicidade é o consumo. "Sede felizes", conclui um programa de rádio, convertendo em imperativo o que só pode ser um desejo; e fechando os olhos ao dado da felicidade nesta terra, que só pode ser parcial, passageira e gratuita: ela nos é dada como fruto de outra ação quando não a buscávamos. Pois não se pode ser feliz num mundo em que milhares de pessoas morrem afogadas na busca de uma saída para a própria vida, ou dormem na rua a poucos metros de onde dormimos; pessoas com olhos e coração iguais aos nossos.

Depois de Deus, qual felicidade? Deixo esta pergunta como uma das mais sérias destas páginas.

3 Diversidades

Mas, atenção: uma maneira fácil de refutar o que foi dito até aqui, segundo essa técnica de deformar o que o outro disse para poder atacá-lo, é pretender que, quando ataco as desigualdades estou falando em favor da *uniformidade*.

Bem, é importante deixar claro que às desigualdades contrapõe-se a igualdade, ao passo que a uniformidade se opõe às diversidades. O Vaticano II (em sua constituição sobre a Igreja no mundo) deixou bastante claro que devemos tentar suprimir as desigualdades, ao passo que devemos respeitar as diversidades. E uma das páginas mais gloriosas da história da Igreja para mim foi o empenho em *afirmar a diversidade* entre Pai, Filho e Espírito Santo, chamando-os de "pessoas" (mesmo com o risco de propiciar uma falsa sensação de triteísmo), mas, ao mesmo tempo, *sublinhar sua unidade* (inclusive rasgando a linguagem "coeternos, coiguais"...) e afirmando-os como sujeitos da única natureza infinita. *Unidade e uniformidade nunca foram a mesma coisa.*

Mas, hoje, uma globalização exclusiva e excludente acabou nos uniformizando, criando às vezes sérios problemas de identidade a partir do falso princípio globalizado de que a identidade é determinada pelo consumo. Por isso, a idolatria monetária costuma ser acompanhada por uma obsessão identitária. E as identidades, em momentos de encrespação, vão sendo definidas *pelo melhor de mim e pelo pior do outro.* Todos temos nossas virtudes e nossos defeitos. Na lógica acima, no entanto, pretende-se afirmar isto sobre a identidade: o melhor é o que eu tenho, o pior é o que o outro tem.

Em minha humilde opinião, essa foi a decisão dos independentistas catalães e começa a ser o de algumas feministas. Tentarei, pois, analisá-la um pouco melhor no apêndice deste capítulo. Antes, porém, uma breve conclusão sobre a alteridade, dado que esta é hoje um autêntico cavalo de batalha de quase todos os nossos problemas.

Aquele a quem chamam de "O Totalmente Outro" é o fundamento de todas as experiências de alteridade com que nos deparamos e de nosso modo de comportar-nos diante delas. Perante a alteridade devemos saber conjugar acolhida e respeito, sem que a acolhida se converta em apropriação nem o respeito em indiferença. É por isso que gosto de definir Deus como O Mistério infinitamente surpreendente e infinitamente acolhedor.

Dito isso, vamos ao apêndice.

APÊNDICE

Dolça Catalunya...

Desde o início quero que fique bastante claro que um catalão tem pleno direito de ser independentista, bem como de não sê-lo. Há quem diga que a maneira de um setor da sociedade espanhola (visibilizado no PP [Partido Popular, conservador]) se comportar dá razões a esse desejo de independência. Nada a objetar! Permitam-me, porém, acrescentar uma anotação histórica e outra ética. Uma mais extrínseca, outra mais intrínseca.

a) A primeira delas convida a considerar a quantidade de movimentos identitários que pululam neste momento: desde o Brexit inglês e o nacionalismo escocês até o fascismo de Salvini ou de Netanyahu e o *America First* de Trump (sem falar do Daesh e suas variantes asiáticas, muito mais selvagens). Tudo isso suscita a suspeita de que, além das causas e dos motivos particulares que cada caso possa ter para considerar-se único, há uma clara insatisfação na atual situação de todo esse nosso mundão.

E novamente é legítimo perguntar se a causa dessa insatisfação não deriva do fato que, ao ter exposto o consumo como única razão para viver, ao não ter sabido dar à vida outra razão e outro objetivo senão este, muitos encontram na afirmação de uma identidade própria, presumidamente ou realmente maltratada, uma razão mais motivadora para viver. Como acabo de sugerir no texto, uma falsa globalização – que globalizou o dinheiro, mas não o humano, e que foi uma imposição de uma parte mais do que uma universalização de todas as partes – nos dá a sensação de termos sido convertidos em algo parecido com os prisioneiros dos campos de concentração, que já não tinham nome, mas número.

Em minha infância iríamos viver lutando "por Deus, pela pátria e pelo rei". Ou, ao menos, isso me faziam cantar. Ausente Deus e desacreditado o rei, resta-nos viver pela pátria. E menos mal, que algo nos restou..., ainda que alguns suspeitem que a pátria une muito quando é uma ideia genericamente abstrata, mas une menos quando é uma realidade concreta: já nos acostumamos a falar de uma Espanha plural, mas deveríamos falar também da Catalunha plural, da Barcelona plural, e assim por diante.

Quando, no entanto, alguém diz a um catalão independentista que existem milhões de compatriotas seus que se sentem silenciados e maltratados como cidadãos, ouve a resposta de que é um fascista. Na mentalidade atual parece, e sempre mais intensamente, que *identidade* deve ser sinônimo de *intolerância*. E ponto-final!

Dois exemplos: quando Inés Arrimadas afirma que Sánchez traiu os espanhóis somente por ter se sentado para dialogar com Torra, presidente catalão, e quando a CUP acusou Torra de ter traído os independentistas pela mesma razão. Esses fatos mostram nitidamente a equiparação entre identidade e intolerância. A situação seria de autêntica guerra civil, não fosse os avanços nessa eterna história de sempre evocar armas e guerras. A maior evidência é admitir que *os outros* também existem. E se existem, ou é impossível que sejam realizadas totalmente as próprias aspirações sem matá-los, ou cada parte terá de aceitar que a convivência exige renunciar à plena realização dos desejos particulares.

b) A segunda anotação diz respeito a um episódio mais recente: o presidente da Catalunha, Torra, escreveu uma carta ao Rei Felipe exigindo-lhe que pedisse perdão por seu discurso do 3 de outubro. Acrescento, em seu favor, que politicamente não me pareceu acertado aquele discurso, e temi que houvesse por detrás alguma chantagem de Mariano Rajoy[30] (coisa que não sabemos, porque, nesta era a informação, a única informação que menos costumamos ter é a que mais nos faz falta...). Por isso, só digo que *temi*, e não gostaria de estar criando mais outra dessas *fake news*.

Porém, uma coisa é o que acabo de dizer, outra é a afirmação de que aquele discurso de Felipe foi *uma ofensa à Catalunha*. Goste-se ou não, existe uma parte da Catalunha que o recebeu bem. Portanto, já estamos novamente no clássico erro identitário de que uma parte se erige como se fosse o todo: "O estado sou eu" (Luís XIV), ou "a Tradição sou eu" (Pio IX). E cito de propósito esses outros exemplos para mostrar que esse pecado não é exclusivo dos independentistas, mas típico de nossa argamassa humana.

Dito isso, poderíamos acrescentar que, se o monarca tivesse tido senso de humor, poderia ter respondido ao Presidente Torra com a mesma fórmula deste último para se defender de seus tuits xenófobos: "Você tirou minhas palavras do contexto". O contexto se converte agora em água-benta que purifica tantas manchas espirituais nossas. Além disso, e falando mais sério, não consigo compreender como quem primeiro ofendeu pode exigir que se peça perdão. Uma das líderes do independentis-

---

30. Presidente do governo espanhol de 2011 até 2018 [N.T.].

mo (Clara Ponsatí, foragida da justiça) declarou que em todo o *processo* "[...] estivemos jogando poker e estávamos blefando". Bem: quem joga assim pode ganhar se tiver sorte, mas também se expõe a perder. E se perde, há de aceitar a derrota sem culpar a outra parte. Se eu transgrido uma constituição ainda vigente e um estatuto também vigente, fazendo aquela paródia de democracia de 7 de setembro, que todos puderam ver, e depois me sinto ofendido com a réplica, estou me comportando como aquela senhora que dizia ao marido: "Tenho o direito de traí-lo, e eu o fiz; mas, se você me chamar de adúltera, eu o denunciarei por faltar-me com o respeito e incitar o ódio".

Cabe imaginar que tudo poderia ter sido mais fácil e belo se o Presidente Torra tivesse começado pedindo perdão e oferecendo-o depois. Ou, na ausência desse atrevimento, ao menos tivesse guardado silêncio total.

A todos os que (de um lado ou de outro) podem me rotular de fascista por ter escrito isso, gostaria de estender-lhes desde já uma mão amiga. Ao menos podemos estar de acordo em duas coisas: nem a unidade da Espanha é um absoluto, nem tampouco a independência catalã. Em relação aos casos não atinentes ao absoluto, no passado se dizia que "o fim não justifica os meios"; ou melhor, que só o nosso fim último pode justificar os meios (i. é: tudo aquilo que leva ao céu é necessariamente bom). Quando o Fim Último desaparece, eis que ronda o perigo de convertermos em últimos muitos fins intermediários e de acreditarmos que isso justifique todos os meios que pretendemos empregar para consegui-los.

Outra coisa muito diferente e importante seria especificar a classificação concreta que merecem esses meios ilícitos (rebelião? subversão? malversação?...). Empreitada aparentemente difícil, já que se trata de pressupostos tão improváveis que não estavam tipificados em nosso Código [espanhol], e sobre os quais não havia sido criada jurisprudência em nossa história. Daí a clara divisão que vimos entre nossos juristas. Discordo claramente do Juiz Llarena: para dizê-lo graficamente, o 13.S e o 1.0 foram delitos, mas não foram "23Fs"; e parece-me estranho que aquilo que tantos juristas reconheceram outros não o tenham visto. Mas lamento sobretudo a oportunidade perdida de julgar esta novidade de maneira mais colegiada, e não individualmente. Se até as partidas de futebol têm vários árbitros, por que não supor que um sozinho poderia não ver a situação em sua totalidade?

Por isso faço-me a pergunta à qual não sei responder: não teria sido mais justo que Llarena aceitasse o veredicto do tribunal alemão, prendendo Puigdemont na Espanha [deputado do Parlamento Europeu] só por malversação e, ao mesmo tempo, diluísse a acusação dos demais políticos delinquentes? Isso pareceria menos vingativo, mas também uma melhor consecução desse princípio tão democrático citado antes: *in dubio pro reo*. E assim se evitaria que o maior responsável (também no caso de malversação) seja, por ter covardemente fugido, o que menos paga. Repito: é só uma pergunta, e como tal a formulo a mim mesmo.

Se Deus existe, que é um Deus de todos, urge dialogar; isto me perece evidente. E dialogar é mais do que negociar; é sentar-se à mesa sem nenhuma pretensão de razão, com a disposição de ver todos os dados do problema e as consequências das decisões. Oxalá isto também valha "depois de Deus". Mas, se comentei tudo isto é para destacar novamente que as idolatrias identitárias patrióticas (grandes e pequenas) não devem ser separadas da idolatria do dinheiro. Obviamente, existem elementos culturais de grande valor e dignos de muito respeito, que aprecio muito. Mas muitos catalães de Ocho Apellidos[31] trabalham e lutam por esses elementos, e hoje se viram excluídos de todo diálogo e tratados de traidores por não concordarem com alguns procedimentos penais. Por isso faria muito bem alguma psicanálise no divã de Mammon, para ver se afloram algumas moções ocultas. Se em qualquer lugar do mundo no qual um movimento separatista afirmasse que *tem ciência de que todo mundo ficaria mais pobre* (e todos os seus membros coincidissem em aceitar isso), os passos seriam muito mais respeitáveis e mais fáceis. Não conheço, porém, esse movimento, e só de imaginá-lo já denotaria uma estupidez crassa.

Voltando à querida Catalunha: se o presidente e os membros do governo tivessem começado reduzindo radicalmente os seus supersalários (ao invés de aumentá-los para si próprios, como fez o Sr. Puigdemont), teriam despertado mais simpatia. Poucos independentistas sabem que, por exemplo, o presidente catalão ganha aproximadamente o dobro do que ganha o presidente do governo espanhol.

¡Hombre...!

---

31. Série de televisão catalã (Telecinco), de cunho humorismo, transformada em filme no ano de 2014 [N.T.].

9
Desejos e direitos

"Se Deus não existe, tudo é permitido." Seria válida esta afirmação de Iván Karamazov? Não é o momento de entrar nesta pergunta, que discuti em outros tempos e lugares. Agora é o momento de pouco a pouco delimitar o sentido da frase.

Todos concordam que, ainda que Deus não exista, nem tudo está perdido... Ademais, e sobretudo, em sua relação pessoal comigo. Só me faltaria...!

A pergunta se estreita então: se Deus não existe, tudo me é permitido... *a mim?* A tendência seria responder que, ainda que Deus não exista, estou proibido de algumas coisas... que não tenho nenhuma intenção de fazer. Por exemplo, assaltar um banco.

Assim chegamos à formulação definitiva de nossa pergunta: *se Deus não existe, estaria proibido tudo aquilo que tanto me apetece e que tanta vontade tenho de fazer?*

Conheço pessoas excepcionais não crentes que continuam sustentando que existem coisas que lhes são proibidas, enquanto estas "não fazem bem" ou não expressam o "belo", como diziam os gregos, que, por sua vez, faziam o bem simplesmente *oti kalón* (por ser lindo).

Sabemos, no entanto, que essa história de beleza é algo mais subjetivo e que "gosto não se discute". Por isso, a maioria das pessoas e a cultura que respiramos recorrem a mil subterfúgios para que "não sejamos proibidos do que tanto nos apetece". E o subterfúgio mais habitual consiste em converter em direito aquilo que mais se deseja. E direito é algo sagrado.

1 Pseudodireitos

E desta forma somos levados, cada vez mais, a chamar de *direitos invioláveis* o que não passa de *desejos particulares,* ou atribuímos *valores universais* àquilo que não passa de *interesses próprios.* Hoje o velho mandamento "não tomar o santo nome de Deus em vão" seria transformado em "não tomar o santo nome dos direitos humanos em vão".

A extraordinária qualidade intelectual e humana de Simone Weil fez dela a primeira a reivindicar uma "Declaração dos Deveres Humanos", para que todos aprendêssemos que os próprios desejos sejam dignos de respeito, mas não são, de modo algum, meus direitos; e que os direitos autênticos dos outros são meus deveres[32]. Por não levar isso a sério, agora nos encontramos na era eufemisticamente chamada de *pós-verdade*, para não chamá-la por seu verdadeiro nome: *era das grandes mentiras,* ou *era da subjetividade absolutizada.*

---

32. Tentei fazer um primeiro esboço de uma declaração desse tipo em meu capítulo Cristianismo y justicia, no livro *Mundo dividido, mundo globalizado.* Barcelona, 2007.

E essa era de grandes mentiras também se converte em era dos falsos direitos. Vejamos alguns possíveis exemplos:

• O que denominamos *direito de propriedade* não é, em muitos casos, senão o desejo avarento dos mais ricos. Sem tirar nem pôr!

• Aniquilar econômica e geograficamente os palestinos é um desejo de A. Sharon e de B. Netanyahu, mas não é um direito. O inegável direito de Israel se defender não era uma carta branca para construir seu próprio *muro da vergonha*, assassinar meninas palestinas, descumprir os acordos de Oslo e ignorar as decisões da ONU.

• Também os Estados Unidos têm o direito de se defenderem do terrorismo, mas também a obrigação de se defender com certa *razoabilidade*: sem pisotear os direitos dos outros, sem armar guerras preventivas nem bombardear ou destruir outros países com a finalidade de criar condições geoestratégicas favoráveis aos seus interesses petrolíferos.

• Muitos cidadãos dos Estados Unidos acreditam que seu país goza do direito sagrado de ter armas de guerra. Que as desejem é evidente, pois se trata de um povo violento. Mas isso não é um direito, pois há uma qualidade humana que denominamos *civilização*: a consciência de que, se algumas vezes a força faz-se necessária, deve ser reservada a determinadas instâncias públicas, as mais restritas possíveis, para que não retrocedamos às cavernas ou ao Velho Oeste.

• Na Espanha existem milhões de pessoas desejosas de autodeterminação, e o expressam falando do seu *direito* a ela. Se isso é um direito verdadeiro, elas estariam dispostas a se sentar à mesa com as outras, não apenas para dialogar acerca de como proceder para lhes satisfazer esse desejo (é o único sobre o qual querem dialogar), mas também para mostrar quais são, rigorosamente falando, seus fundamentos, seus sujeitos e seus campos de aplicação? Teriam o direito de se autodeterminar os habitantes de Gibraltar, que está em território espanhol? Também teriam direito os habitantes de Ceuta y Melilla, que estão em território africano? Com quais condições e em que níveis? A Inglaterra responde sim à pergunta sobre Gibraltar e prescinde da outra; a Espanha aceitaria esse direito para Ceuta y Melilla, mas não para Gibraltar... Não entremos agora no juízo sobre quem tem razão. Apenas digamos que ambas deveriam mostrar claramente que debaixo desse direito proclamado não está o desejo tácito de eternizar um estado de coisas que lhes é favorável. E isso é o que não se faz. Também Orban (primeiro-ministro da Hungria, líder de um partido nacional conservador de direita) exige "o direito a existir" para justificar sua xenofobia; no entanto, a população da Hungria decresce rapidamente.

• Assim agimos todos nós. Inclusive o Vaticano, que acredita em Deus, proclama seu direito de nomear os bispos de todas as Igrejas locais. Que tenha esse desejo é compreensível, para evitar complicar a vida. Mas a tradição cristã do primeiro milênio e dos primeiros séculos do segundo milênio, somada ao ensinamento de muitos papas, sobretudo ao longo do século V, estabelecem expressamente o contrário[33]. Também Pio IX se sentia no direito (e no dever) de conservar seus domínios políti-

---

33. Cf. o estudo de toda esta história em Ningún obispo impuesto (São Celestino, papa). *Las elecciones episcopales en la historia de la Iglesia*. Santander: Sal Terrae, 1993.

cos; e por isso obstaculizou a unificação da Itália e condenou os que não pensavam dessa forma. *¡Santo Dios!*

• Outra pérola desse ilusionismo (e hoje distanciadamente podemos vê-lo mais claramente) foi a linguagem com que o ETA exigia seu imposto revolucionário: porque o chantagista devia "satisfazer *sua dívida para conosco*". Sem comentários!

• E para completar a lista: hoje entrou na moda a linguagem sobre os "direitos sexuais e reprodutivos". Pediria sinceramente aos que assim falam que examinem se não estão falando em egoísmos sexuais e reprodutivos. Que fique claro que sou partidário da despenalização do aborto por razões de laicidade e de saúde pública. Mas isso é uma coisa; bem outra e diferente é falar de um *direito* ao aborto. Não caiamos no engano de que somente têm direito os que podem gritar mais alto! Conheço, ademais, muitas mulheres de esquerda que não aceitam esse direito, e que, por essa razão (assim como acontece hoje na Catalunha com os independentistas), sentem-se desprezadas, rotuladas de *fachas* [fascistas] e reduzidas ao silêncio, sem que a outra parte reconheça essa falta de respeito[34]. E assim acontecem coisas como as que vimos na Argentina: um governo claramente de direita [M. Macri, 2015-2019], sem nenhuma política social e numa situação econômica difícil, monta um *show* de despenalização do aborto para evitar novos protestos e escrachos, buscando desviar a atenção. E existem feministas ingênuas que caem na armadilha, entram no jogo e dão respiro ao governo... que

34. Cf. o texto de Oriana Fallaci que cito no Cuaderno 65 de *Cristianismo y Justicia*, p. 4: *El derecho de nacer: crítica de la razón abortista.*

acaba conseguindo o intento por uma margem apertada de sete votos depois do "debate" realizado no Senado.

2 Progresso?

O último passo dessa maquiagem é que os desejos, travestidos assim em direitos, passam a fazer parte da linguagem do progresso. Mas não custa muito perguntar se existe mais progresso aí onde se cresce economicamente ou aí onde se ganha em respeito aos direitos dos mais fracos?

Em nosso sistema, ambas as coisas são incompatíveis; como aludimos no capítulo anterior, nosso crescimento econômico precisa pisotear o direito ao trabalho e, além disso, o direito a um trabalho *digno*. Assim como precisa pisotear o direito a um salário justo ou à educação e ao sistema de saúde pública. É essa dissonância que permite compreender a tese de Theodor Adorno ou de Karl Polanyi, velha e repetida; tese que continuamos não apenas nos negando a reconhecer, mas sequer a escutar: *os fascismos não são uma negação de nosso sistema, mas uma possível consequência lógica do mesmo*[35]. Pois, definitivamente, se na economia não há democracia, por que haveria de existir na política?

Tudo isso já foi dito depois da Segunda Guerra Mundial, mas não demos ouvidos. Hoje, com razão, nos irritamos contra o neofascismo italiano, mas a Europa da Troika antidemocrática

35. POLANYI, K. *La gran transformación.* • ADORNO, T. *Dialética negativa.* Há mais de duas décadas falei dessa ameaça do *fascismo que virá* no texto Cristianismo y justicia do livro *El neoliberalismo en cuestión.* Hoje, pelo menos, esse monstro está muito mais próximo.

é incapaz de perguntar a si mesma se o desejo dos bancos, erigido em direito absoluto, não teria nada a ver com essa reação irracional, pois já é bem conhecido o processo pelo qual, na hora de votar, muita gente foi aguentando e aguentando... Chega o momento em que explode, perde a paciência e a razão, não votando simplesmente naquilo que poderia ser o melhor ou o menos pior, mas no que intui que possa trazer mais prejuízo aos poderes estabelecidos. Também aqui diríamos que se converte em direito o compreensível desejo da parlamentar do PP que se atreveu a gritar no congresso: "Que se f...!" Pelo menos teve o grande mérito de não travestir seus desejos com alguma roupagem de direitos.

3 Direitos *do outro!*

Direito é algo cuja fundamentação deve ser sólida e quase evidente, justamente pelo respeito que exige. Os verdadeiros direitos humanos (direito a não morrer de fome; à educação; a que os civis não sejam bombardeados por nenhuma causa, por mais santa que possa parecer; direito de os enfermos terem acesso aos medicamentos; de cada indivíduo ser tratado com respeito...) são de uma evidência tamanha, que se impõem por si mesmos. À luz destes direitos diáfanos, compreendemos que não vale apelar para alguns direitos não concretos e não nuançados para "branquear" alguns desejos muito concretos, que ficam assim blindados, convertidos em dogmas e maquiados de esquerda. De esquerda só é o respeito e a acolhida desses desejos, mesmo que não sejam os próprios, mas não o fato de exigi-los acriticamente como direitos.

Também, para evitar essa fácil confusão entre direitos e desejos, é imprescindível *a voz do outro*. Um político catalão se admira que, nesta fase da história, ainda não se reconheça o "direito de decidir". Suponho que, ao dizer isso, ele saiba que existem muitos juízes e politólogos que negam esse direito (e não apenas uma inexistência *legal*, mas absoluta). Prefiro confessar minha ignorância e meu desejo de que, agora que o diálogo parece alvorar, este não verse apenas sobre medidas práticas, mas que se estenda também à ética política: quais são as razões de uns e de outros; que alcance exato têm os textos que são aduzidos (sejam os da ONU, da doutrina social da Igreja etc.) e que, segundo alguns, são universais, ao passo que para outros se referem apenas às colônias que estão em outro território, e não a partes de um mesmo território. Gostaria de presenciar um diálogo desse tipo entre intelectuais não apenas da Catalunha e o resto da Espanha, mas do mundo inteiro. E que se há dissensão na prática, que ao menos houvesse unanimidade na teoria[36].

Não sei se acertei nos exemplos. Tampouco afirmo que por debaixo de algum dos desejos citados não possa haver um direito real. Só peço que isso seja demonstrado e bem-fundamentado, ao invés de se limitar à elaboração de *definições dogmáticas infalíveis*, agora que nem sequer o papa as faz... E se

---

36. Certa vez afirmei que onde não há um direito é possível que haja (e há) um *problema*. Nesse sentido sou dos que pensam que se deveria buscar e estudar fórmulas (ou mudanças legais) para que houvesse um *referendum* na Catalunha; mas um *referendum* sério. Por um lado, parece-me que esse tipo de questão não pode ser revolvido nem com impaciências nem por diferenças de 51-49%, mas necessita de uma maioria suficientemente definida (60%?). O exemplo do Brexit – que, por outro lado, era muito mais simples, posto que a Europa não é um Estado – me impacta.

algum leitor estiver de acordo com todos os exemplos citados, menos com aquele que o afeta mais pessoalmente, eu lhe pediria que ligasse o desconfiômetro.

4 Conviver: a grande tarefa

É compreensível que todos tendamos a sacralizar nossos desejos para garantir, assim, sua realização. Mas também é fácil compreender que dessa maneira não se facilita a convivência. Temo que uma das causas do neoconservadorismo que nos cerca tenha sido o abuso, por parte da esquerda, na linguagem dos direitos *individuais*, ao passo que a direita tende mais a confundir com direitos seus próprios desejos e interesses, sociais ou de classe. Que também, como tais, não são direitos.

Tudo isso é uma pena, pois *a fé nos autênticos direitos humanos, com sua hierarquia, e o compromisso com eles são os mais sagrados que temos*. Também depois de Deus? Também depois de Deus continuaria a convivência, sendo o primeiro dever de nosso gênero humano? Esperamos que sim, pois precisamente para salvaguardar a convivência criou-se a linguagem dos direitos, como algo que deveria resistir à linguagem dos sentimentos.

Isso nos leva a virar a página.

10
Afetividades

Le coeur de l'homme et son mystère, cantava, em minha mocidade, Aimé Duval. *O amor não é amado*, clamava Charles de Foucauld. E os cristãos rezam com frequência: *Dá-nos, Senhor, um coração novo; derrama em nós um espírito novo*. Por quê?

Não tenho interesse algum nessa história de posteridade. Do poeta Horácio contam que, já à beira da morte, recordou toda a sua obra e exclamou: "Tenho erigido um documento mais duradouro do que o bronze. Não morrerei totalmente!"[37] Infeliz: sequer se deu conta de que o simples fato de eu lembrar dele agora não lhe aporta absolutamente nada. Nem percebe, nem pode alegrar-se, nem pode reviver por isso. Tampouco sabe se lembro ou não dele.

Para que fique mais claro: creio que, se por algum motivo eu tivesse de passar para a posteridade, gostaria que fosse apenas por ter corrigido a definição de homem que o mestre Aristóteles deu. Segundo o Estagirita, o ser humano é um "animal racional". O que mais queríamos?

Em minha humilde opinião, o homem é, ao contrário, "*um animal afetivo que racionaliza suas pulsões*". Apesar do vocá-

---

37. *Exegi monumentum aere perennius; non omnis moriar.*

bulo grego *logos* significar tanto "razão" quanto "palavra", e que nos digam que esta é a grande herança que os gregos nos deixaram, a maioria das palavras que proferimos não brota de nossa razão, mas de nossos sentimentos. A razão, que tanto louvamos e à qual tanto apelamos, não é aquela grande fortuna da qual somos donos, mas tão somente um chamado, sério e humilde, a nos deixar guiar por ela, ao invés de nos servir dela para nossos interesses, mais ou menos confessáveis. O que nos constitui, nos governa e nos guia, no entanto, é a afetividade. E disso fazem parte inclusive aqueles que, nos níveis mais imediatos da relação, parecem mais frios e menos afetivos.

Em defesa do filósofo grego é preciso dizer que ele não pôde conhecer nem o Sr. Salvini nem o Sr. Trump, tampouco todos esses "caras-pintadas" com bandeira que, sobretudo no mundo do futebol, praticam uma espécie de autoerotismo racionalizado de amor pátrio (poderei ser acusado de inveja ao lerem isto), ao passo que milhões morrem no Yemen e centenas no Mediterrâneo. Tampouco Aristóteles pôde ver a enxurrada de lágrimas que regaram a Rússia os futebolistas do Japão após perderem uma partida classificatória que lhes era favorável. Por que o Japão?, poderiam me perguntar. Dá vontade de escrever a Ana M. Schlüter explicando-lhe que há coisas tão sérias e tão grandes em nosso pequeno coração, que nem Zen consegue relativizar...

1 Grandes enganos

Meu pai Inácio de Loyola teve um conflito muito sério com alguns jesuítas de Portugal que queriam uma Companhia com muito mais rezas e devoções e que "se mostraram insolentes". Escreveu-lhes então uma carta muito longa que costuma ser conhecida como *Carta da obediência*. Além dos argumentos como "Deus ama mais a obediência do que o sacrifício" etc. etc., há nessa carta uma frase que ficou gravada para sempre: "ledo engano, e de entendimentos obscurecidos com amor-próprio".

Os "entendimentos obscurecidos" vão na linha do que estou querendo dizer. A carta de Inácio foi escrita em momentos de rivalidades imperiais entre Espanha e Portugal: uma com seu império no Ocidente e outra no Oriente, quase 30 anos antes da incorporação em 1580, e que duraria apenas 40 anos. Não sei até que ponto pôde interferir no conflito alguma rivalidade entre portugueses e espanhóis, tanto nos exageros de um lado quanto nas denúncias exageradas a Roma por parte do outro. O fato é que, às vezes, fazia uma paráfrase da frase inaciana citada, que soa mais ou menos assim: "ledo engano, e de entendimentos obscurecidos com amor *pátrio*..." E amor pátrio é o amor à Espanha, logicamente! Como o é também o amor à Catalunha, à Euskadi e ao País Valência. Se citei esta curiosidade é por ter visto que quase todos parecem aceitar minha paráfrase inaciana quando se refere ao amor pátrio *dos outros*, não ao próprio: ao *meu país* não pode ser aplicada semelhante paráfrase, pois ele é um modelo de democracia, de respeito à lei e de não sei quantas virtudes mais.

Não estaríamos aqui diante do que foi dito no início deste capítulo contra Aristóteles, de que o ser humano não é um animal racional, mas um animal que racionaliza seus afetos?

De fato, não sei se Aristóteles se autocorrige quando parece centrar toda a ética na prática da amizade; ou seja, no exercício do mais nobre da afetividade humana[38]. Nesta lógica parece que a razão só poderá entrar na ética se o coração o permitir. Quando o coração humano está turvo ou sujo, toda a nossa realidade exterior é afetada, pois o coração turvo ofusca nossa mente e a impede de ver bem; e nos situa, ademais, em opiniões desfocadas que nos impedem de ver corretamente.

2 Amor-promessa

Se Deus existe, e é definido como "O Amor" (1Jo 4,20), o fato de que exista significa a presença do amor em nossas vidas[39]. E se *Deus* é a palavra mais deteriorada e mais falsificada, também significa que o amor é a realidade mais manipulada no coletivo humano. Assim, a vida se converte para nós em uma aprendizagem de amor: "ao entardecer, seremos julgados pelo amor" (João da Cruz; Mt 25,31ss.).

No amor se encontram duas dimensões fundamentais de nossa vida: o receber e o dar, a atração e o desinteresse, a identidade e a alteridade, mencionada antes. Mas ambas estão tão sutilmente entrelaçadas que frequentemente uma tende a se disfarçar na outra.

---

38. *Ética a Nicômaco*, VIII-IX. O Estagirita chega a dizer que, quando há amizade, é desnecessária a justiça; mas quando há justiça, continua sendo necessária a amizade. Nosso problema é que essa amizade ou é reduzida numericamente ou não poderá ser verdadeira amizade. Esta, portanto, só torna o homem limitadamente racional.

39. "Palavra grande, realidade maior ainda". Evoquemos mais uma vez a frase de Santo Agostinho.

A atração em si mesma é bela. Serve, ademais, como uma cura de humildade ao evidenciar que não somos tão completos quanto acreditávamos, e culmina nessa experiência tão elementar de que somos "seres necessitados"[40]. Mas esse animalzinho humano, ao invés de aceitar pacificamente essa cura de humildade que a atração deveria nos dar, tenta apropriar-se da outra parte, tentando convertê-la em objeto; portanto, degradando-a e perdendo as possibilidades que entrevia na atração humana.

Tem sido dito que o homem é um ser limitado com algumas aspirações ilimitadas (teríamos que acrescentar, além disto: ameaçadas). Isto parece tornar nossas afetividades tão complexas, retorcidas e imprevisíveis, capazes de dispor de nós sem quase nos darmos conta: "Nada existe mais complicado e enfermo do que o coração humano", escrevia há vinte séculos o Profeta Jeremias (17,9). Às vezes acreditamos que o coração unicamente está ativo em momentos sonoros em que as águas jorram copiosas e ruidosas, como histórias para serem contadas. Mas não é bem assim: ele está sempre ativo, na guerra e na paz, no rumor e na discrição.

3 Amor-problema

Boa parte do problema está no fato de que, com toda razão, imaginamos o reino de amor como uma planície a perder de vista, quase ilimitada. No entanto, a senda que leva a esse

40. Lembro de ter iniciado certa feita um poema que começava assim: "Vou dizer-te todos os poderes / que tens sobre mim". Ao chegar aí, porém, acabou a minha inspiração e não tive vontade de seguir o conselho de Baudelaire: "a inspiração é trabalhar a cada dia".

reino e à sua porta de entrada é, na linguagem de Jesus, uma porta estreita e uma senda escarpada, onde caminhar nem sempre é simples.

O homem aprende que sua maior necessidade e realização (o reconhecimento e o amor) são coisas recebidas gratuitamente, que não dependem de seu talento, de seu empenho nem de seu dinheiro; pois, se não as recebermos de forma gratuita, já não são elas mesmas, mas uma grotesca falsificação: o amor comprado deixa de ser amor, por mais que tentemos nos enganar ao comprá-lo.

A estreiteza dessa senda e dessa porta tem a ver com a dialética antes enunciada do dar e do receber, de que o amor é feito. E, contra nosso modo elementar de ver, é renunciando inicialmente a receber que se aprende a amar, ainda que tudo possa ter seu momento e suas oportunidades: a criança deve aprender a dar, recebendo (e, neste ponto, a infância nos marca quase decisivamente); o adulto deve ir aprendendo a receber, dando.

E a questão se complica ainda mais: o homenzinho que vem a este mundo, tão logo começa a se relacionar com os outros, constata que essa relação pode produzir nele uma dupla reação: uma, que vai do enfado e da ira até o ressentimento e, quiçá, até o ódio; e outra, que é feita de admiração, afeto, carinho e, às vezes, até de dependência. O mesmo coração que é capaz de quase se derreter pela ternura também é capaz de se congelar e endurecer pelo desafeto.

E, assim, chegamos a pensar que a razão disso tudo está *no outro*, que pode ser tão somente ou odioso ou admirável. Esta, ainda que possa ser uma verdade, só é meia-verdade: a outra metade está *em nós* e em nosso modo de reagir, que geralmente consideramos o mais adequado, mas que nem sempre o é: quantas raivas desproporcionadas nos fazem perder boa parte da razão que tínhamos! E quantas possessividades desproporcionadas ofuscam a grandeza do carinho que sentíamos! Quão difícil, no entanto, é manejar o coração ferido! Ele precisa ser cuidado com mais paciência e com muito mais carinho do que um corpo maltratado.

4 "Amor que move o sol e as estrelas" (Final da *Divina comédia*)

Se existe Deus, ou se ao menos tivermos a experiência dessa nossa pequenez invadida pela grandeza do Mistério que comentávamos no capítulo 2, então será possível reconhecer melhor a complexidade das coisas. De uma forma ou de outra, todo ser humano tem que se haver com esse imenso novelo de nossa afetividade, constituído de fios de ouro e de esparto. Se é verdade o que há vinte séculos escreveu Paulo de Tarso – "nada poderá nos separar do amor que se revelou em Jesus Cristo" –, então é possível se desencadear em nós um processo que João de Yepes versificou de maneira muito simples: "já podes olhar para mim / depois que me olhaste / que graça e formosura em mim deixaste". E o Amor começaria não apenas a mover "estrelas", mas liberdades.

Deus, ao mesmo tempo que é a máxima exigência, significa também a maior fonte de uma correta autoestima. E este é outro grande dilema que nos constitui: a autoestima nos é indispensável à cura de nossa afetividade, embora ela se pareça com esses remédios que, em doses desproporcionais, podem ser letais.

Disso se poderia dizer novamente que os humanos deveriam ser verdadeiramente racionais, ao invés de racionalistas. Seria a melhor homenagem ao velho Aristóteles.

Entretanto, as complicações de nossa afetividade não terminam por aqui. Ao imenso campo do amor sexual já lhe dediquei algumas palavras em minha última "parida"[41]. Ali escrevi que a sexualidade tem "algo de divino e algo de diabólico"; e, se realmente é assim, na hipótese do desaparecimento explícito do divino, teríamos muito a dizer. Tentarei, no entanto, apenas acrescentar algo a partir de minha limitada experiência.

5 O fim do sólido?

Sobre o amor humano é possível escrever maravilhas. A história da literatura é repleta delas. Hoje, no entanto, há o perigo de que se trate de *maravilhas momentâneas*, que só geram um gesto de superioridade desapontada em quem *já sabe como vão acabar as coisas*. Isso leva à questão de saber se existe alguma relação entre o exílio de Deus e essa decepção sobre o amor humano.

É dogma dos nossos dias que *o amor acaba*. Porém, na erótica ocorre o inverso das matemáticas: a ordem dos fatores pode sim alterar o produto. Por isso, já seria possível concluir matizando: quando o amor brota da atração, o amor acaba; no

41. Cf. o cap. 6 (Amor) de *Reconstruir las grandes palabras*, com o apêndice Paradojas de la sexualidad.

entanto, se a atração brota do amor, então é mais provável que o amor nunca acabe.

Dogma cristão é que o amor *de Deus* nunca acaba; isto, para nós, que não somos Deus, implica uma vontade de reconquistá-lo dia a dia ("cada dia escolho novamente Gerardo", dizia-me uma mulher já madura). E, mesmo assim, implica também um abraço de misericórdia quando essa boa vontade fracassa por qualquer razão. A experiência dos que têm hoje a tarefa de conselheiros psicológicos ou espirituais dividiria em dois grupos os casais que hoje passam ou se aproximam dos setenta: aqueles casais que "dá gosto de ver", porque, de fato, cada um se fez parte do outro ("carne do outro", diríamos biblicamente, ainda que a relação sexual quase já não exista), e aqueles que vivem numa espécie de silêncio hostil, de inimizade resignada, de tácita culpabilização mútua, numa espécie de "eterno divã psicanalítico de casais".

Não temos autoridade alguma para culpar ninguém neste cenário: só Deus sabe o que houve de infortúnio ou sorte, de acerto ou desacerto, de culpa ou inocência. Seria muita ingenuidade não conhecer as enormes dificuldades da convivência entre temperamentos distintos: quando as diferenças se harmonizam de tal forma que, por assim dizer, as saliências de cada um entram nos vazios do outro, dá gosto de ver; mas, quando essa milagrosa harmonização não acontece e as saliências colidem, eis-nos diante do desprazer cotidiano, sem que por isso deixemos de ser afetivamente necessitados.

Deus poderia fazer algo nesse sentido? A curto prazo? Pergunto dessa forma porque esse triste problema seguramente é parte de uma mudança cultural muito mais ampla, e que ainda não sabemos onde vai dar.

Por mais que a liguemos ao afeto, a sexualidade é intrinsecamente reprodutiva. A natureza, por assim dizer, vai por si, tem seus próprios caminhos, e rejeitar essa realidade parece-me o início de nossos enganos. Hoje a técnica consegue separar, com quase total segurança, sexualidade e reprodução; seria um bom avanço se essa separação tivesse mantido alguns limites razoáveis e não tivesse sido definitiva. Uma das vertentes de nosso problema migratório está no fato de que a população da Europa está envelhecendo sempre mais; consequentemente, com menos jovens. Já os imigrantes, em sua maioria, são jovens.

À plena separação entre sexualidade e reprodução acompanhou outra separação entre sexualidade e amor. E essa separação foi mais longe do que a anterior, ainda que muitas vezes a palavra *amor* continue sendo usada para tranquilizar consciências[42]. Essa separação é nociva ao humano (certa feita a tipifiquei ironicamente como "o amor feito polvo"), pois, ainda que se pretenda que "tudo é cama", sempre sobra o que um filme chama de "o outro lado da cama". Em última análise diríamos: além de apetites físicos temos necessidades afetivas...

Será então que (ainda que seus representantes o tenham deformado ou exageraram) algo daquela *lei de Deus* ou *dez mandamentos* não calharia bem neste campo, a fim de que possamos ser não um pouco melhores, mas pelo menos um pouco mais felizes? Não estaríamos tendo a sensação de que a sexualidade, que no pas-

---

42. Durante muito tempo, quando o homem matava sua companheira, falava-se na Espanha – e isso ainda perdura – de "companheira sentimental". Que elogio ao sentimento! Mas essa contradição obedece a algo muito nosso.

sado era um campo no qual Deus mais intervinha, passou a ser um campo em que Deus menos intervém e menos o deixamos intervir?

Entretanto, nossa sexualidade não se reduz (longe disso) ao campo sexual. Ela é infinitamente mais ampla e se faz imprescindível examinar (nada mais do que examinar) algumas de suas complicações. Antes disso, permita-me um novo apêndice sobre o fenômeno tão comum dessa sexualidade desirmanada.

APÊNDICE

Os outros lados da cama

O ano de 2018, tão cheio de aniversários e novidades, parece ter causado muito escândalo, uma longa cadeia de delitos de assédio sexual por obra e graça de senhores respeitados e respeitáveis. Tanto que logo teve início um rosário de *me too(s)* que as pobres mulheres foram desfiando, e que se concretizou em irem ao cinema vestidas de preto (algumas não sei se mais desvestidas de preto).

Estranho assombro! Por que tanta surpresa? *Todos sabíamos!* Só parecia ignorá-lo essa alta sociedade, que parece tão inocente quanto freirinhas de clausura do século XIX. Nós, pobres pecadores de cada dia, sabíamos que isso acontecia e continua acontecendo, ainda que não possamos citar nomes concretos. E sabemos que continua acontecendo não apenas no cinema, mas na educação, no esporte, na política, no trabalho, e inclusive entre cientistas e figuras eminentes da biologia (afinal de contas, já se disse que "sexo é vida"; não foi?). Sabemos que sempre foi assim e que, se não nos esforçarmos, continuará acontecendo por toda a eternidade, por mais *me too* que usemos.

Por quê? Porque a natureza funciona por si e precisa garantir que a reprodução do gênero humano funcione. E como esse processo de reprodução começa pelo macho, a ele foi concedido uma sexualidade primária de "estímulo-resposta". Bem difícil de dominar, por certo; pois, além disso, é respaldada por uma mentalidade laudatória a essa capacidade de resposta ao estímulo: presume-se *muito macho*. E isso é o que vale. Inclusive, já foi posto por escrito, e sem rodeios, que "a atividade sexual é uma das condições necessárias para a saúde", e que "a inovação é sempre a melhor". Não parece ser isso mesmo que pensam os animais de nossas "manadas"? Que chegam, inclusive, a acreditar que estejam fazendo um favor às vítimas...

Quando a sexualidade passa de animal à *humana*, o macho se vê chamado a uma aprendizagem de integração da resposta espontânea da natureza ao que pessoalmente lhe concerne. Uma aprendizagem nada fácil, pois não costuma ter apoio social, nem sequer por muitas que irão se queixar com o *me too*.

É que, em correspondência lógica com o que acabamos de dizer, a fêmea é feita para o estímulo, para agradar corporalmente. E se também a mulher não personalizou sua sexualidade, acreditará que todo seu valor consiste em fazer com que seu corpo agrade e estimule; e quando não o consegue, ela se sentirá desvalorizada. Por isso, as compatriotas de Brigitte Bardot protestaram contra a denúncia das vítimas norte-americanas, alertando sobre o perigo de se tornarem "puritanas". Ou seja, mais ou menos como os membros da Associação Nacional de Rifle dos Estados Unidos, quando aparecem outros *me too*, em relação aos assassinados por algum louco.

Estes dados, que devem ser ponto de partida de toda reflexão, parecem ser velhos conhecidos de nossos antepassados, e também parece que nós os esquecemos. E por falar em esquecidos (ou para musicalizar esse ensinamento, visando melhor aprendê-los), permitam-me evocar aquela que talvez seja a melhor zarzuela do mestre Serrano: *La canción del olvido* [A canção do esquecimento]. Vejamos:

Partindo do princípio de que "ao vê-la não podemos resistir à tentação", o protagonista enaltece a mulher como "primorosa cravelina"; mas em seguida se autodefine como "um transeunte que, ao passar, arranca as folhas da flor e segue adiante sem lembrar de seu amor". No caminho haverá mil escaramuças típicas da época (como subornar a dona que a acompanha ou averiguar se a luva caiu de verdade ou se ela a deixou cair de propósito). O resumo do esquecimento, no entanto, é que ela "ouvia minhas mentiras toda cheia de ilusão", enquanto ele triunfante cantava: "de seu amor dei risada" (repetido três vezes). Quem sabe, lá em Hollywood, além de fazer filmes superviolentos, se tivessem ouvido zarzuela, teriam sido poupados de alguns desgostos! E, se não, ao menos poderiam conhecer algo da experiência humana que plasmou o poeta Ariosto em seu *Orlando furioso,* e que recorre aos *Ensaios* de Montaigne: os machos vieram para ser "como o caçador que persegue a lebre no inverno e no verão, na montanha ou na planície: deixa de querê-la quando a vê presa e só aperta o passo quando ela se esquiva"[43].

---

43. "Na amizade produz-se um calor geral e universal, de outro modo temperado. [...] No amor trata-se tão somente de desejo furioso daquele que se esquiva de nós", comenta Montaigne em *Los ensayos*. Barcelona, 2007, p. 245-246.

Mas talvez não, pois, muitas vezes, essas vítimas tão inocentes também têm sua parte no esquecimento da canção de Serrano. E negam-se a reconhecê-lo porque assim temem perder seu valor enquanto mulheres. Desculpo-me pelas anedotas que seguem, mas devo citá-las literalmente.

Há muitos anos, quando teve início o *topless* e as escapadas para Perpignan, uma moça contou-me que havia se deitado tranquilamente numa praia de Gardía com uma amiga, buscando adivinhar, dentre os transeuntes, quantos homens teriam ereção. Anos mais tarde, um bom rapaz que estava tentando recompor uma vida bastante desregrada, disse-me literalmente: "Há vestidos cujo único significado é: olha que peitos tenho; ou: olha a minha bunda. Eu *não acredito que elas saibam disso*". Tentei lhe dizer que o estímulo é algo relativo e que depende daquilo que alguém está acostumado a ver, e também que há mulheres que talvez saibam disso e outras não. Ele me respondeu que não suportava essa sensação de "colocarem o doce na boca para, em seguida, retirá-lo".

Em todas essas situações de diferença e subsequentes conflitos, cada parte está convencida de que ela sabe muito bem como é e como o outro sente, mas que ele, em contrapartida, nem faz ideia de como ela é e sente. Isto transcende o sexual e tem a ver com nossa natureza relacional; acontece entre senhoras e senhores, entre catalães e madrilenhos.

Vista por outro lado, essa sensação vai além do aspecto físico, um dos maiores atrativos da sexualidade devido à ilusão de poder que comunica. Álvaro Pombo, como bom romancista (e bom psicólogo) que é, pinta em *Contra natura* um personagem homossexual que tem pouquíssima relação física, pois o que busca é ser desejado e cobiçado por todos, sentir-se procurado e requisitado pelos outros, para em seguida, muitas vezes, humilhá-los. Esse tipo de gratificação psicológica, no entanto, não é exclusiva da homossexualidade; as famosas *Liaisons dangereuses* [ligações perigosas] de Choderlos de Laclos (transformadas em filme duas ou três vezes) também insistiam nisso. Trata-se tão somente de uma amostra do enorme poder que a sexualidade é capaz de nos dotar, precisamente porque, ainda que nos empenhemos para que não seja assim, ela transcende o meramente físico.

Essa transcendência é tamanha que, em uma parcela das pessoas, a imaginação desempenha um papel muito importante. Já é velha aquela insolência de que a *Maja vestida*, de Goya, é mais pornográfica do que sua *Maja nua*. Como um decote exagerado pode ser mais provocador do que alguns peitos nus![44]

Sim, todas essas variações de corporalidade, de diversidade e de imaginação dão origem a algumas *permutações e combi-*

44. Para apimentar esse assunto tão sério, permita-me contar uma anedota de uma comunidade religiosa, quando começou a se falar de *topless*. Diante do grande escândalo de alguns velhos frades, que não sabiam se escreviam uma carta a Franco pedindo que desse jeito em tamanho desacato, um confrade bastante maduro e muito pacífico explicou, em tom um tanto quanto irônico, que não seria necessário, pois aquilo duraria pouco. Diante do assombro daqueles que perguntavam se aquela profecia seria algo semelhante ao terceiro segredo de Fátima, tão bem guardado, esclareceu: "Sim, porque poucas mulheres, em um período muito longo de sua vida, têm peitos apresentáveis". É bem verdade que naqueles idos ainda não havia silicone. Tampouco posso comprovar se aquela profecia se cumpriu, pois, naqueles idos, alguns cânceres de pele fecharam as praias. Mas, seja qual for o final dessa história, não deixa de ter graça e conter algo dos fatores que complicam o tema: a necessidade de gostar e a tendência a imaginar.

nações mais complicadas do que aquelas que estudei em matemática em minha época de ensino médio. Não precisamos de nenhum Newton que nos descubra a lei de nossa gravidade corporal; só precisamos reconhecê-la e aceitá-la. E a coisa se complica, já que a natureza não é como gostaríamos que ela fosse: há alguns anos, Teresa Forcades denunciou o hipócrita negócio que estava sendo montado em torno de uma suposta disfunção sexual feminina que deveria ser clinicamente ajustada. Como se a mulher, ao se tornar paulatinamente menos fértil e aos poucos ir perdendo a libido, tivesse que, por essa razão, sentir-se anormal ou doente. Ouvi várias mulheres de certa idade, e que vivem sozinhas, dizer-me mais ou menos isto: "Não sinto falta de nenhum homem (e você não faz ideia de como os buscava há alguns anos!), mas me faz muita falta a companhia". Creio que somos assim, ainda que nos neguemos a reconhecê-lo. E aí estão os anúncios de Viagra®, Energisil® e outros dizendo que eles servem "para que possa desfrutar com sua companheira", mas jamais dirão que estão o incitando a buscar alguma jovenzinha, que depois darão lugar ao *me too*, porque, como disse certa feita um senhor, "Com minha mulher é como comer sempre a mesma comida, e uma comida que já não tem mais sabor". Se é assim que você trata sua mulher (uma comida), não me admira que use este argumento.

Para concluir, uma anedota que há tempos li e achei engraçada. Na história da Igreja antiga conta-se de um mártir que havia resistido a toda sorte de torturas sem apostatar, e que depois se fez fisgar por uma virgem consagrada que ia levar-lhe comida. Olhe por onde...! (*Ves per on*, cantava a Trinca). Diante de histórias como estas, um Padre da Igreja pregava: "Como amarraremos esta besta selvagem?" O primeiro passo da resposta deve ser: *reconhecendo sua força*. Sem esse reconhecimento de nossa realidade, repete-se o processo de Pasolini, que renegou expressamente aquela sexualidade inocente em sua trilogia da vida (*Decamerão, Contos de Canterbury* e *As mil e uma noites*) para passar (em *Salò ou os 120 dias de Sodoma*) a uma exagerada satanização da sexualidade como pura humilhação do outro.

Esta me parece ser a nossa verdade, ainda que não nos agrade. Freud descobriu a repressão em uma época de puritanismo sufocante, e nós continuamos argumentando a repressão em uma época de comportas totalmente abertas.

Mas, enfim, que essas coisas sejam discutidas por eles e elas, pois já não tenho mais fôlego para tanto[45]. O que agora interessa destacar é que o problema se agrava, pois, como sempre, *por trás de tudo está o dinheiro*. A ingenuidade francesa repetia o velho ditado *cherchez la femme* [procurai a mulher, ou o culpado]; mas seria melhor dizer, mais próximos a Jesus de Nazaré: *cherchez l'argent* [procurai o dinheiro]. O que segue abaixo, de Octavio Paz, ilustra bem esse pensamento:

> A sociedade capitalista democrática aplicou as leis impessoais do mercado e a técnica da produção em massa à vida erótica. Assim, degradou-a, ainda que, enquanto negócio, o sucesso tenha sido grandioso... O capitalismo converteu Eros num empregado de Mammon[46].

---

45. Remeto, não obstante, ao excelente artigo de Ana Berástegui e Alejandra Lucas no número de julho de 2018 da revista *Sal Terrae* (p. 613-628).

46. *La llama doble: amor y erotismo*. Barcelona, 1994, p. 158-159.

O processo começa negando essa força do sexo ou sua periculosidade, porque dessa força é possível tirar tanto dinheiro quanto o gerado pela produção de armas. E a ocasião faz o ladrão.

Primeiramente se pretende torná-lo inocente, convertendo-o em uma digna profissão, brinquedo de criança, como o das meninas-*sexy*, ou em negócio rentável de roupas femininas desfilando em passarelas. Em seguida busca-se semear algum escândalo que sirva para atacar as instituições que possam frear esses negócios. A pederastia clerical é um dos mais repugnantes e deploráveis, e os escândalos de Oxfam são muito lamentáveis. Ambos, no entanto, são muito úteis para desacreditar instituições que trabalham contra a dinâmica opressora de nosso mundo. Nunca se dirá que esses escândalos são minoritários, tanto dentro daquelas instituições quanto em comparação com outras entidades da sociedade. Hoje, ao contrário, a elas é atribuída uma qualificação genérica: "os crimes das ONGs vão além de Oxfam", na qual tanto a palavra *crime* quanto sua *generalização* para todas as ONGs exerce uma função significativa.

Não resta dúvida que essas instituições, que se pretendem beneficentes, devem ser mais exigidas. No entanto, uma coisa é exigir, outra difamar globalmente. No momento, a segunda parte parece interessar mais.

Quando começaram a vir à tona os casos de pederastia clerical nos Estados Unidos (com histórias que às vezes remontavam aos anos 50 do século passado), dois amigos norte-americanos me disseram que aquela história era uma vergonha da administração Bush contra a Igreja Católica, que lhe teria feito clara oposição à Guerra do Iraque. Na época não lhe dei ouvidos, mas agora não sei o que pensar. No caso de Oxfam, parece mais claro que existe uma hostilidade contra todas as ONGs que evidenciam o mau estado deste mundo (que, segundo o catecismo neoliberal, vai de vento em popa) e tentam ajudar as pessoas que poderiam ser exploradas pelo capital. Pois *o que interessa aos pontífices do capital não é que não haja escândalos, mas que não existam entidades com solicitudes sociais.*

E essa dinâmica se agrava tocando os sentimentos das pessoas e desencadeando reações cujo furor pode torná-las cegas. Conheço casos de acusações falsas que prosperaram (às vezes exigindo dinheiro para retirar a acusação). Ninguém imagina a dor que isso pode causar, pois a justiça humana é inevitavelmente imperfeita: há ocasiões em que não é possível esclarecer devidamente os fatos, e então se buscará manter acesa a chama da indignação e a ambígua norma de *tolerância zero*, para que não caiba a presunção de inocência (digo *ambígua* porque essa intolerância deve se dirigir às *ações*, não às *pessoas*; e isso não é matizado). Dessa forma seguiremos o destino das bruxas da Idade Média: por princípio, a bruxa sempre mente; porém, ao negar, dá provas de que é bruxa.

Deixemos esses casos excepcionais (que só servem para mostrar aonde podemos chegar) e voltemos ao centro destas reflexões.

Carlos Domínguez escreveu que a sexualidade humana é ilusória. O problema é que ela também é promessa, mas uma estranha promessa que só se cumpre (na expressão do Evangelho) *por acréscimo*: quando o respeito da pessoa passa à frente da atração que o outro sexo exerce sobre ela. Claro que, para que isso acontecesse, seria indispensável que a necessidade de reconhecimento e de aceitação não classificasse as mulheres enquanto corpo atraente nem os homens enquanto fonte de suposto poder. Que, por um lado, o primeiro impulso não seja o de *seduzir* nem o de *conquistar*, e, por outro, que elas busquem inspirar e conquistar sobretudo o respeito, e eles, por sua vez, uma confiança autêntica.

Enfim, pode ser que tudo isso permaneça muito vago e genérico, visto que em seguida deve concretizar-se no emaranhado de nossas complexas afetividades que, por sua vez, assemelham-se aos rostos: embora pareçam iguais, não existem dois idênticos.

Permitam-me terminar com outra dessas anedotas que acredito ter tido algum significado em minha vida. Foi em Alicante, e o protagonista já não deve estar vivo, visto que era visivelmente mais velho do que eu. Se bem me lembro, não era crente, mas muito interessado em questões religiosas. Por isso, conversávamos longamente. E o que quero evocar é isto: depois de explicar uma vida um pouco revoltada, ele concluiu: "Aprendi que, nessa história de sexualidade, nós homens não podemos dominá-la se *não for com a ajuda de uma mística*: seja religiosa, amorosa, artística, científica, solidária ou outra qualquer. Mas uma mística". E sobre essa *mística amorosa*, acredito que o Papa Francisco disse algo interessante no n. 152 de sua obra *Amoris laetitia*, ao falar da dimensão erótica do amor, não como "um mal permitido", mas como "um autêntico dom de Deus que embeleza o encontro dos esposos". E a chave dessa mística reside no fato de se tratar de "um amor que admira a *dignidade* do outro". Quantas sexualidades se ativam admirando a dignidade do outro?

Exatamente nisso situa-se o principal da questão de Deus neste campo: a dignidade do outro.

"Muito tenho me divertido", escrevia Teresa de Jesus ao concluir uma de suas longas digressões. Dê-se ao particípio o significado que se queira; o óbvio é que está na hora de dizer "amém", e concluir.

Terminemos, pois, procurando algo mais dessa mística.

11
"Se isto é um homem..."

"O homem tem lugares em seu próprio coração que não existem até que a dor entre neles." Estas são palavras de Léon Bloy, talvez as que mais significativamente marcaram minha vida. Quiçá elas também possam explicar, de algum modo, a verdadeira vinculação entre Deus e a dor, tão deformada em muitas espiritualidades, talvez por serem mais masoquistas do que cristãs. Cito agora essa afirmação, mas para dar-lhe um novo significado: *há lugares em nosso coração que não existem até que a dor dos outros entre neles.*

O oposto destas palavras pode ser o impactante título de Primo Levi, que escolhi para este capítulo; um grito que nunca deveríamos esquecer e que temos demasiadamente esquecido. E, significativamente, um grito muito parecido com o de Antônio Montesinos naquele sermão de 1521, em La Española, não se referindo aos prisioneiros dos campos de concentração nazistas, mas aos indígenas da recém-"descoberta" América: "*Acaso estes não são homens?* Como estais em sono tão profundo, tão letárgico, dormido?"

O capítulo anterior nos encaminhou para a necessidade de uma transformação de nosso coração. Por isso foi tão longo: uma amostra de como essa transformação é tão difícil. Entretanto, precisamos acrescentar que é a que mais pode nos ajudar a alcançar essa sabedoria que as cosmovisões orientais denominam "mentira do ego".

Mais do que discutir acerca de modos de falar, a tese deste capítulo é que só existe algo que pode nos arrancar verdadeiramente desse cárcere da egolatria em que nos encontramos. E esse algo são os outros, sobretudo aqueles que não são simplesmente seres humanos diferentes de nós, mas vítimas desta história: os condenados da terra, os excluídos de nossa suposta civilização, os que, inclusive, privamos da dignidade de homens em nome de nossa própria identidade humana e que, em última análise, são os preferidos de Deus.

Sem mencionar Deus, mas seu significado: a França não é grande nem por seu chauvinismo, nem por acreditar-se "filha maior" da Igreja, nem por ganhar copas do mundo no futebol..., mas porque um francês escreveu: "Reconheço qualquer ser humano como meu compatriota"; e outro compatriota seu completou: "Se há que decidir entre a própria pátria e a humanidade, deve-se escolher a humanidade"[47].

1 Para além da lei

No amor é cumprida esta lei típica, tão bem-formulada por Jesus: querendo entregar tua vida, a salvas; acreditando dar, recebes; tentando ajudar, és ajudado. "Os pobres nos evangeli-

---

47. A primeira citação é de Montaigne, a segunda de Montesquieu. Ambas são citadas por Edgar Morin no número de outubro de 2015 do *Le Monde Diplomatique*, suplemento, p. 1.

zam", disseram todos os que foram evangelizá-los. E isso, que escandaliza aquelas "pessoas de bem" situadas fora dessa opção, significa simplesmente que são eles que nos ensinam a amar.

Claro que nenhum amor está livre de tentações, e tampouco este de que estamos falando. É evidente que existe nosso afã de protagonismo; a ilusão de acreditarmos que somos salvadores, em vez de privilegiados e responsáveis; o perigo de converter a chamada *opção pelos pobres* numa nova lei (sobre a qual recairiam as críticas de São Paulo contra a justificação pela lei), quando, de fato, o amor aos pobres é, ao contrário, uma forma de fé comprovante.

E acrescentemos uma dupla lição que vem de dois polos: por um lado, de todos aqueles em quem se realiza algo que enchia Jesus de alegria: que eles entendem os mistérios de Deus melhor do que os sábios e prudentes (Mt 11,25). Desde já, uma palavra de homenagem agradecida a tantas mulheres admiráveis da América Latina, que sequer sabem de sua grandeza, ou a tantos delegados da Palavra e mártires anônimos cujos nomes são desconhecidos e não recebem nem o pequeno tributo do aplauso que envolve nomes como Oscar Romero e Ignácio Ellacuría... Tudo isso por um lado; mas, por outro, a sensação de derrota ou de trabalhar para uma causa perdida, porque muitos deles não são "pobres com Espírito" e preferem seus pequenos egoísmos e suas pequenas vinganças pessoais.

Que contraste entre todos esses possíveis desvios e o simples lema do Padre Mugica, mártir nas *villas*-miséria de Buenos Aires: "Viver para eles, morrer por eles"! Morrer por eles porque (citando Monsenhor Romero): "De que servem belas rodovias, lindos edifícios de diversos andares, se construídos com sangue de pobres?" Pois, "os pobres e oprimidos, além de humanos, são também divinos: tocam o próprio coração de Deus"[48].

2 Bem-aventurados?

E outra vez o bom amigo Marx: judeu como era e leitor do velho Isaías, viveu com essa paixão pelos descartados da terra, mas também deve ter tido medo que, sem Deus, essa paixão fosse infundada. Por isso, tentou dar-lhe um fundamento "científico" na ideia de "uma classe portadora de salvação", porque, por ser uma classe à qual tudo foi negado, bastaria colocá-la do avesso para que fosse uma classe que tudo tivesse. Mais uma vez, porém, a dialética não conseguiu substituir o teológico (quiçá por Deus ser justamente o grande Dialético, como direi na conclusão).

De qualquer forma, o bom e velho Marx se defrontou posteriormente não apenas com o proletariado intrinsecamente salvador, mas com um proletariado *lumpen* [em farrapos]. Fato que levou seus sucessores a distinguirem entre uma classe meramente *em si* (inconsciente de seu caráter salvador) e outra classe *para si* (plenamente consciente de seu poder e de sua infalibilidade). E acabou se desviando para uma ditatura da segunda (do partido) sobre a primeira. Já é hora de saber que esse dilema marca todas as opções que se consideram esquerdistas ou libertadoras, e não apenas os descendentes do barbudo inominável.

---

48. Homilias de 15/07/1979 e 16/03/1980 (uma semana antes de ser assassinado).

Bem-aventurados os pobres, os famintos, os que choram, os perseguidos... porque deles é a Vontade de Deus (cf. Lc 6,20). Nunca antes isso foi dito tão claramente! Mas também, quiçá, nada mais adocicado e desfigurado que haja havido na história. Por isso, meu grande medo é que o exílio de Deus suponha também um grande banimento de todos aqueles cujo amor nos impediria ser esses últimos homens que o visionário de Basileia temia. Porque hoje sequer são *oprimidos*; converteram-se em *excluídos*, gente que já não interessa mais nem em política nem em economia, e temo que tampouco em teologia...

Por isso, assusto-me quando, em setores atuais da esquerda espanhola, os cristãos são acusados de *buenismo*[49]. Obviamente se poderá falar de idealismo, de falta de sentido da realidade e de análise incorreta de uma situação. Mas considerar isso como uma espécie de "exagero no bem" (quando Deus é o Sumo Bem) poderia levar à tácita conclusão de que a bondade não é o caminho para salvar o mundo. E com isto renunciaríamos sem querer a toda possibilidade de salvação.

Dizer *ingênuos* não significa dizer *bons*: o primeiro se refere à confiança excessiva nos outros, o segundo afeta a renúncia ao próprio interesse em benefício da comunidade. Que discutam os politólogos se algo disto pode ter acontecido com Pedro Sánchez, como a nomeação do diretor da TVE. Aqui importa apenas destacar que Jesus de Nazaré já avisava que, além de

---

49. Palavra usada na Espanha para realçar a atitude de quem, diante dos conflitos, rebaixa sua gravidade, cede com benevolência ou age com excessiva tolerância ou ingenuidade, e acaba parecendo um "bonachão"; ou seja, agindo com excessiva bondade [N.T.].

"simples como as pombas", devemos ser também "sagazes como as serpentes" (Mt 10,16).

3 Aporofilia[50]

Não é ocasião de falar aqui de condutas concretas nem de mudanças de estruturas, por mais necessárias que sejam. Agora devemos falar só do coração. Por isso, concluiremos esta reflexão com duas propostas bem simples e com nomes bem sonoros, mas que necessitam de uma advertência prévia: os conselhos que seguem serão pura música celestial àqueles para quem os pobres são seres de cuja existência se fala, como os marcianos, mas nunca viram nem tocaram. O contato real é aqui o argumento decisivo. No dia em que as vítimas tiverem para mim um rosto concreto, um nome concreto e lágrimas concretas, esse dia começará a acender o pavio das dicas que agora seguem.

a) No mundo teológico fala-se com frequência do *privilégio hermenêutico* dos pobres. Significa que é preciso encarar todos os problemas (teóricos e práticos) não a partir da ótica do que a solução desses problemas pode trazer *para mim*, ou para os meus, mais do que pode aportar às vítimas da Terra, aos preferidos de Deus. Isto vale na hora de votar, mas também diante de mil decisões ou posicionamentos.

---

50. *Aporofilia* é um neologismo que procede de duas palavras gregas: *áporos*, que significa pobre, desamparado, e *philia* que, embora possa ser traduzida como amizade, amor, pode ser entendida como representativa de uma boa gama de afeições positivas. Cf. na letra b desta seção quem cunhou o oposto desse sentido na Espanha, com o termo *aporofobia* [N.T.].

Só para dar um exemplo: cito um caso em que uma mãe com um filho que sofria de um determinado problema votou em um partido que propunha uma solução para ele. A óbvia paixão maternal explica tudo isso sem necessidade de mais argumentos. Igualmente poderíamos falar de uma *hermenêutica* em favor dos mais pobres; uma espécie de lentes com as quais poderíamos olhar a vida em sua totalidade[51].

b) Há pouco tempo, a grande Adela Cortina cunhou o termo aporofobia para designar uma grande epidemia de nossos dias, que é o ódio ou o desprezo para com os necessitados (como a xenofobia é o ódio aos estrangeiros). O diagnóstico era tão certeiro e a enfermidade tão clara, que até a RAE [Real Academia Espanhola] reconheceu essa palavra (ainda que meu computador não a reconheça e insista em recomendar-me agorafobia). Pois bem, aproveitando esse reconhecimento, falemos também de aporofilia, como o contrário daquele desprezo, e para evitar a hipócrita resposta estereotipada de que tantos lançam mão quando ouvem falar de *opção pelos pobres* ou de amor aos pobres, e dizem: "Bem, na realidade, todos somos pobres". Passemos ao sentido que agora importa: "O que pensar sobre isto?"

Digamo-lo carinhosamente: no fundo, quando reagimos com essa resposta estereotipada é porque desconfiamos que tudo isso nos excede. No mundo cristão existe uma forma de

---

51. Comentei certa feita um documento exemplar das dioceses *vascas* [bascas] (e importa sublinhar a origem) diante das eleições, que dizia: é obrigação do cristão votar naquele partido que acredita ajudar mais os pobres e excluídos. Podemos nos dividir na resposta concreta acerca de qual será na realidade esse partido, mas não em qual deve ser o critério para votar.

oração bastante conhecida, que consiste em pedir ao Espírito de Deus: "Encha-me de ti, esvazia-me de mim, ensina-me a amar". Pouco a pouco, estas petições repetidas (em sintonia com o ritmo da respiração) acabam nos modelando. Depois de Deus, quiçá se poderia rezar: "Encha-me deles, esvazia-me de mim, ensina-me a amá-los". A única pergunta então seria: A que Espírito Santo pedir isso?

Menos mal que, segundo a Bíblia, o Espírito de Deus foi derramado "sobre toda carne". Também sobre a carne não crente... Por isso, o mundo sem Deus há de encontrar uma *versão laica* dessa oração que canta: "Quando o pobre nada tem e ainda reparte, quando um homem passa sede e água nos dá..." E não fica dizendo que o mundo deve dar um jeito (oxalá!), mas que "vai o próprio Deus em nosso próprio caminhar". Oxalá cheguemos a acreditar que nesses casos – quando o fraco fortalece seu irmão e quando amamos o sentido dos simples – "*vai o humano em nosso próprio caminhar*".

12
Aviso final: inevitáveis problemas de linguagem sobre Deus

É bem conhecida a frase de Ludwig Wittgenstein: "Do que não se pode falar, melhor é calar-se". Se para algum tema vale esta frase, esse tema seria justamente *Deus*. No mínimo, todos deveríamos aprender a calar sobre Deus, o que não significa, absolutamente, não ter nada a dizer. Significa, ao contrário, não poder dizer o que temos. Dessa forma, recuperaríamos aquela teologia primitiva que por essa razão foi chamada de *apofática* (desligada da linguagem). E, quiçá, a questão do exílio de Deus, que atravessa estas páginas, nos possa ser útil.

Apesar de tudo, o fato de às vezes ser necessário falar daquilo que não podemos falar nos é apresentado como uma experiência profundamente humana. Isso para que esta questão não se necrose dentro de nós em razão do esquecimento tantas vezes presente no silêncio. O falar é igualmente necessário pelo fato de a linguagem constituir comunidade: a fé é comunitária; e uma existência não comunitária, por mais rica que se pretenda, é uma existência infecunda. O silêncio sobre Deus poderia se assemelhar, então, a esses celibatos que, segundo muitos críticos, mais do que autêntica virgindade foram se transformando em simples vida de *solteirões e solteironas.*

Jesus, falando da oração, criticava os que achavam que por falar mais rezavam mais. E recomendou uma oração com poucas palavras. Não me parece má esta definição da oração: "Estar calado perante Deus e com Deus". Mas, a grandeza desta definição diz respeito a poucos. Aos que Escrivá denomina "multidões", nas quais me incluo, precisamos das palavras, ao menos para distrair-nos. E oxalá as usemos com plena consciência de sua absoluta inaptidão.

E, se falamos, em seguida surgirão problemas, pois inevitavelmente falaremos de forma inadequada. Em outros lugares comentei outros tipos de semelhantes problemas. Aqui não cairia mal lançar um olhar sobre um problema que hoje está no centro de muitos debates: a questão do *gênero* na linguagem sobre Deus.

1 "Aquela que é"

As teologias feministas acentuaram, com razão, uma trágica patriarcalização da linguagem sobre Deus, originando uma imagem deformada dele, com consequências nefastas para a fé. Nefastas, ainda que algumas possam exagerá-las.

Não se trata de mentes diabólicas. É inevitável que a linguagem nos chegue configurada por uma história e pelas limitações dessa história, que muitas vezes já não podemos mudar, ainda que devamos compreender, esclarecer e evitar. Era muito compreensível que Jesus em seu mundo chamasse Deus de *Abba* (Pai); mas olhemos para as cinco crianças de Elenita (em um país latino-americano), abandonadas por seu pai, e que vivem com mais três priminhos, abandonados também pelo pai ao ficar viúvo e acolhidos por Dona Elenita. Quando essas crianças vão à missa e ouvem que se reza a Deus "como um pai que nunca abandona seus filhos" (Oração Eucarística V), o que poderiam pensar? Diante disso se deveria manter o masculino por puro farisaísmo gramatical, ainda que leve a fazer com que essas crianças nunca mais ponham os pés na igreja?

Esse legalismo talvez tenha origem no fato de que, no tema sobre Deus, nosso cristianismo, ao longo da história, deformou o segundo preceito do Decálogo, diluindo o mandato radical de "*não fazermos imagens* de Deus" em um muito mais vago e aguado "não tomar o santo nome de Deus em vão".

Esta deformação tem início com a luta contra os iconoclastas (século VIII) que, exagerando o segundo mandamento, proibiam não apenas as imagens de Deus, mas também as imagens de Cristo. O segundo Concílio de Niceia (787) os condenou, pois, com a encarnação, Cristo se converte em verdadeira imagem de Deus. E por outras razões mais pastorais: num mundo quase analfabeto, as imagens substituíam a leitura e eram uma forma de catequese, como se vê em tantos capitéis das catedrais medievais. A condenação dos iconoclastas permitia imagens de Cristo e dos personagens bíblicos, não de Deus.

Mas isso não é tudo: na história da Igreja antiga é frequente que cada concílio provocasse exageros que deveriam ser corrigidos num concílio posterior. Desta feita, porém (em razão do cisma de Fócio), esse outro concílio não aconteceu e os exageros brotaram como fungos, dando lugar a mil imagens de Deus, todas masculinas (porque isso era pedido pela linguagem corrente da época). Sirvam de modelo esse avô venerável do quadro da criação de Miguel Ângelo e o Deus ameaçador de seu juízo final.

Bom seria, portanto, que os responsáveis pela Igreja nos fizessem recuperar aquele mandamento tão decisivo do Decálogo: "Não farás imagem alguma de Deus". Pois, se o melhor nome que podemos dar a Deus é "O Indizível" (Tomás de Aquino), *a fortiori* Deus há de ser inimaginável, e toda imagem de Deus comportará algo de blasfêmia. Mas isso fica para os profissionais da teologia; agora precisamos baixar voo e aterrissar sobre o tema da linguagem patriarcal.

2 O Deus pátrio

Contra o que geralmente se afirma, não foi a razão humana que estabeleceu a igualdade entre homem e mulher (Aristóteles e Platão, ao contrário, dão por certa a inferioridade da mulher), mas antes uma oportuna insensatez cristológica que decretou que "em Cristo Jesus não há nem homem nem mulher" (Gl 3,28), por mais escandalosa que seja a antiguidade da afirmação. Mais uma vez parece que (seguindo uma lei que havia anunciado Yves Congar) o esquecimento, por parte da Igreja, dessa verdade tão sua, fez com que Deus a fizesse nascer fora da Igreja.

Reconhecido isto, podemos alertar para outras formas não teológicas de nefasto patriarcalismo que, em minha humilde opinião, deveriam preocupar um pouco mais as mulheres. Por exemplo, essa espécie de paradoxo que denominamos *pátria*.

Em todos os idiomas que conheço a terra é feminina, inclusive no alemão, que converte tantos gêneros, tornando, por exemplo, masculina a lua e feminino o sol. Existe uma experiência universal que assemelha a própria terra a todas as nossas experiências maternas. Nela nascemos como nascemos da mãe; sua paisagem é o primeiro marco que reconhecemos, como nos ocorre com o rosto materno; seus alimentos marcaram nosso paladar como o peito da mãe... A ela nos referimos com diminutivos de ternura que soam a *mãezinha* (na Espanha, p. ex.: *la terreta, la tierruca de Pereda, el terruño...*). A expressão *mãe terra* é mais do que uma metáfora; por isso, está presente tanto no canto das criaturas de Francisco de Assis como na Pachamama sul-americana. E todos conhecemos (e desfrutamos) essa experiência de fraternidade que se produz quando, estando fora de nossa terra, encontramos um conterrâneo.

Segundo este paralelismo, a terra que nos viu nascer deveria ser nossa *mátria*. Por isso, disse que a mãe *pátria* é um paradoxo ao qual nos acostumamos e no qual colamos um patriarcalismo nefasto que converte em agressiva a doçura da mãe terra. O que hoje se chama *antropocentrismo* e que muitos ecologistas rejeitam, é, na verdade, um *androcentrismo* (porque o ser humano como tal – o *anthrōpos* – é sim o *centro* da criação, enquanto *responsável* por ela. Em contrapartida, na centralidade do varão (*anēr-andrós* em grego, de onde vem o androcentrismo), a raiz e o enraizamento de que todos necessitamos se deformam em autoafirmação e em poder. Na infância, que tanto nos configura e na qual lançamos nossas raízes humanas, a mãe sugere sobretudo ternura e fraternidade igualitária, e o pai sugere mais domínio e competitividade.

Assim nasceu a expressão machista *orgulho pátrio*, e o amor visceral à própria terra deformou-se tanto quanto a imagem de Deus masculinizada. Mister Trump é o exemplo mais triste desse amor pátrio machista. Mas citar Trump só vale a pena para que nos demos conta de que todos carregamos um pequeno trumpzinho dentro de nós.

O resultado – que hoje adquire novo relevo, não sei se porque, uma vez Deus morto, divinizam-se as pátrias – é o seguinte: as pátrias, ao invés de se abraçarem, não cessam de se enfrentarem. Já os romanos imperialistas cantavam que é *doce* morrer pela pátria (*Dulce et decorum est pro patria mori*); e isso o dizia um homem tão cético e, por outro lado, tão pós-moderno, como o poeta Horácio. As denúncias que fazemos hoje contra a religião e a sociedade patriarcais deveríamos fazê-las também contra a pátria patriarcal. Haveria tantas guerras na história humana se a terra tivesse sido experienciada maternalmente, e não patriarcalmente? Ou se os patriotismos não se tivessem convertido em nacionalismos machistas?

Esta perversão do amor *pátrio* foi muito bem escrita por grandes filósofos de nossos dias, curiosamente dois deles oriundos da terra do chauvinismo: "O 'nós', que serviria para libertar o eu de si mesmo, subordina-se a um 'nós' que serve para exaltar o próprio eu" (Jean Nabert). "As paixões costumam camuflar a inocência da diferença sob a camada orgulhosa e fatal da preferência" (Paul Ricoeur). E o patriotismo se converte em escusa para ignorar (e até exaltar) os próprios defeitos, ao invés de reconhecê-los.

Por isso, para feminizar de algum modo não apenas a religião, mas também a sociedade, creio ser mais importante lutar pela *mátria* do que pela *porta-voza* (perdoem-me a feminista que cunhou semelhante invento): e que não fiquem sem cantar muitas mulheres por não ter boa *voza*...

E já que entramos na ironia, permitam-me fazer outra reflexão sobre nossa época.

3 Mentiras laicas

Ainda que a linguagem sobre Deus seja falsa, ela pode ajudar a descobrir outras falsificações de nossa linguagem não religiosa. Acredito, por exemplo, que algo disso acontece com dois vocábulos muito em voga: *felicidade* e *autoestima;* tão sacralizado, que a verdadeira blasfêmia não consiste em falar contra Deus, mas contra eles.

Nosso mundo sem Deus começou proclamando um direito intocável de ser felizes, e que depois se converteu num imperativo absoluto quase kantiano, culpabilizando todos aqueles que não se sentem felizes como se fossem imbecis. Falei mais exatamente deste tema em outros lugares. Agora só gostaria de dizer que num mundo transitório só é possível ser feliz a partir da mentira, da falta de solidariedade e da renúncia à liberdade. Podemos ter (e devemos buscar) experiências de sentido, de paz interior e de consolo. Mas, se procurarmos mais, não seremos homens felizes, mas escravos satisfeitos. O êxtase perpétuo e as lágrimas enxugadas para sempre não são plausíveis neste planeta.

A autoestima se converteu em outro desses imperativos absolutos que, de tanto os outros tentar impô-lo, sente-se culpado por ela ter sido roubada de você. Ou inflam o seu ego contra toda sabedoria budista. O verdadeiramente humano é o esquecimento de *si* e a tranquila aceitação de *si mesmo*. E assim nos libertamos dessa obsessão infantil de acreditar que somos o centro do mundo, que nos impede de crescer.

Pelo visto, tanto com Deus quanto sem Ele, estamos condenados a viver na mentira, ainda que se tratem de mentiras muito diferentes. Algo disso é o que parecem ter intuído as grandes cosmovisões do Oriente, como "A vida é sonho" de nosso Calderón. Por isso, escrevi em outras ocasiões que o mais nobre destino de nossa linguagem é o da ironia carinhosa. Permitam-me, pois, voltando ao problema do patriarcalismo, outra reflexão irônica sobre um dos avatares atuais de nossa linguagem.

APÊNDICE

Pobre linguagem!

Gostaria de dizer que é bom evitar a linguagem patriarcal; mas, convenhamos, façamo-lo sem destruir a linguagem. Sirva aqui de exemplo o poeta Neruda, que dizia amar sua língua *apesar de* ser herança dos conquistadores. E, mesmo essa conjunção *y* (*los vascos y las vascas*), que a língua espanhola inventou [em português = *e*], que melhor seria chamá-la de aditivo, tem dois inconvenientes. O primeiro é que o *y* rouba espaço: cada artigo que publico em *La Vanguardia* tem um limite de 5 mil batidas, somados os *y* e os espaços. Se, ao invés de "os homens", tivesse que escrever "os homens e as mulheres", ou "os seres humanos", ou "os ministros e as ministras", perderia espaços que depois me impediriam de dizer tudo o que gostaria de dizer, ou me obrigariam a uma condensação que dificultaria a leitura...

A palavra *pessoa* é feminina; não tenho, portanto, nenhum inconveniente que me incluam ao falar de pessoas. Por isso, preferiria que, em vez de alongar as frases, considerássemos incluídos tanto o masculino quanto o feminino. Convenhamos... não é necessário que nos digam "as ministras e os ministros", como o fez uma delas. Digam apenas "as ministras", e nós homens já nos sentiremos incluídos: seria muito mais igualitário, mais inclusivo, e não simplesmente aditivo. Do contrário, nos assemelharemos àqueles padres de antanho que, pela obsessão em matizar e observar a máxima ortodoxia em suas prédicas, faziam sermões tão longos que induziam seus ouvintes ao sono.

Outro inconveniente atual parece-me ser, sobretudo com essa história tão vaga e tão indefinida de gênero, o fato de podermos atribuir sexo inclusive às letras: não sei por qual motivo a letra *o* é masculina e a letra *a* feminina (a letra *e* parece bissexual). E, obviamente, em seguida nos deparamos com o dentista, o futebolista, o patriarca e o pirata de Espronceda [poeta romântico espanhol] que, pelo visto, devem ser transexuais e não o sabem. Ou nos deparamos com a mão, a moto, a rádio, a foto, a doutora... Por fim, as próprias consoantes parecem ter sexo: ao menos a letra *z* que (não sei se por ser a última consoante) parece ser irremediavelmente masculina e obriga que uma senhora que é *porta-voz* de uma entidade seja chamada de *porta-voza* (lembrando que isso [em espanhol], soa quase a *porta bozal* [porta fucinheira], coisa que não parece tão própria à função). Ou, que outra mulher, simplesmente por ser *juíza*, nos obrigue a dizer *noza*, se quisermos englobar o feminino à *noz*, e de acréscimo estraguemos aquele verso do fabulista, dizendo: "Subiu uma macaca numa nogueira – e colhendo uma *noza* verde..." (e o respeito ao octossílabo, onde foi parar?).

Enfim, é evidente que grande e nobre é essa tarefa de combater a linguagem patriarcal, quer nos refiramos ao Mistério, quer às vulgaridades cotidianas. E todos devemos colaborar nisso. Entretanto, façamo-lo bem, pois a estética também conta.

Que o gênero feminino me perdoe se exagerei na ironia. É que sou *de tierra de fallas*, e às vezes penso que, além da perspectiva de gênero, também convém ter em conta, de vez em quando, a *perspectiva fallera*[52].

52. O autor é natural de Valência. *Fallas* são as famosas Festas Valencianas celebradas no dia 19 de março nas quais são queimadas figuras em papel-machê que representam de forma satírica e humorística personagens ou cenas geralmente da atualidade. Penso que é a isso que o autor está se referindo ao falar de *tierra de fallas*" e de "*perspectiva fallera* [N.T.].

Conclusão

O leitor destas páginas não é obrigado a saber que existe uma corrente na teologia do século XX chamada *teologia dialética*, cujo representante maior foi Karl Barth, e a quem sucedeu, polemizando com ele, Urs von Balthasar.

Não sou especialista em nenhum destes autores; mas, se tivesse que responder à questão sobre onde está a dialética de sua teologia, daria este simples resumo: *Deus é um NÃO radical a todo o humano; mas esse "não" é dado no sentido de um SIM muito mais amplo, muito mais profundo e muito mais pleno a todo o humano.*

Este resumo permite compreender algumas rejeições de Deus que servem apenas ao primeiro grupo de nossa dialética, e que acredita sentir-se mais tranquilo e menos interpelado sem Deus. Também permite compreender muitas idolatrias que servem somente ao segundo grupo de nossa dialética, e que também se sente mais tranquilo com o que hoje alguns denominaram "um Deus sob encomenda" [*à la carte*, diriam os franceses]: o Deus que era um sim ao humano se converte num sim aos seus caprichos particulares.

Estas páginas tentaram conservar, em meio à ausência de Deus, o significado absolutamente transformador desse SIM que é Deus, após ter passado pela interpelação e pela aceitação do primeiro grupo de nossa dialética. Esse significado transformador é mais importante do que a própria crença ou a própria afirmação de Deus que, como acabo de dizer, muitas vezes pode ser profundamente impura.

Polemizando com todos os *sós* do protestantismo (só a fé, só a graça, só a Escritura), Von Balthasar proclamou há anos um *só amor* (*sola charitas*). Se, desaparecido Deus, perdura o amor, vale dizer que Deus (o Deus que "se aniquila para nos enriquecer com sua pobreza") está pouco preocupado com seu exílio, pois seremos os homens que Ele quis que fôssemos. E porque, de algum modo, a fé prosseguirá, já que "só o amor é matéria de fé"[53]. Se, desaparecido Deus, desaparece o amor (com toda a força que esta palavra tem quando a dizemos de Deus), então teríamos de nos preocuparmos com outra profecia de Nietzsche. Em contrapartida, a experiência do Deus de Jesus relativiza tudo (e muito seriamente), mas não o aniquila. Uma vez relativizadas as coisas, devolve uma densidade e um valor que não são aqueles que elas se atribuem reciprocamente, mas aqueles que Deus lhes oferece gratuitamente. Pois, em última análise, o amor resume o significado transformador da existência de Deus.

Esse fato transformador possibilita a experiência de viver num oceano de gratuidade; supõe que o homem não deve se ajoelhar diante de ninguém, precisamente porque pode dobrar confiadamente seu coração perante o surpreendente Mistério

53. A obra de Urs von Balthasar, *Glaubhaft ist nur Liebe*, costuma ser traduzida em castelhano como "Solo el amor es digno de fé" [Só o amor é digno de fé]. Mas creio que o amor não se refere tanto ao sujeito que transmite a fé, mas à fé transmitida. Não quer dizer: só o que ama é *digno de ser crido* (como sugere a tradução castelhana), mas que só o amor converte a fé em *verdadeira fé*.

que o envolve. Implica, sobretudo, que o homem não necessita enganar nem dissimular sua própria vergonha; porque não é assim que encontrará sua própria justificação, mas, antes, no reconhecimento cruel de sua miséria. Supõe também uma transformação da moral e uma superação da religião, pois estas, muitas vezes, instalam-se numa mera crença em Deus mais do que numa autêntica *fé* nele (ainda que essa fé seja intrinsecamente comunitária e necessite de alguma institucionalização). Supõe, por isso, ainda que possamos (e às vezes devamos) condenar condutas concretas, que não podemos julgar nenhum ser humano, pois não somos ninguém para fazê-lo, e porque, se o fizermos, nos colocamos acima do outro, num ato de orgulho farisaico que, no fundo, nos nivela por baixo. Supõe que o perdão é mais humanizador do que a punição nua e crua, pois a satisfação na dor causada ao inimigo nos situa no mesmo nível de quem a pratica, e porque a verdadeira justiça não consiste em destruir o verdugo, mas em transformá-lo. Implica uma reivindicação da matéria e da história, com o consequente privilégio para os que são maltratados nela. Significa, além disso, que o dinheiro não é o salvador deste mundo, mas antes, aquilo que Jesus chamava de "tirano deste mundo" (cf. Jo 12,31; 14,30; 16,11); e que, quando sua posse ultrapassa os limites da necessidade legítima, converte-se em raiz de todos os males, razão pela qual muitos grandes homens de fé o classificaram como "esterco de satanás". Aporta, além disso, a possibilidade de uma transformação e de uma purificação do coração humano que o impede de converter todos os seus desejos em direitos absolutos; e que por acréscimo lhe devolve também o equilíbrio e a paz, ajudando-o a sair verdadeiramente de si e a voltar-se apaixonadamente para todas as vítimas e excluídos deste planeta nefasto.

Porque, definitivamente, o mais decisivo significado do fato absolutamente transformador de que Deus existe é que nós, seres humanos, somos todos iguais e chamados a realizar essa igualdade de forma amorosa e maximamente, pois a igualdade facilita a convivência e as desigualdades a tornam cada vez mais impossível. Este significado é absolutamente humanizador. Por isso, parece-me importante resgatá-lo na hora do exílio de Deus, ao menos para evitar aquela desumanização que Nietzsche temia. A conclusão destas páginas pode ser, então, que o exílio de Deus impõe ao crente a tarefa de conservar todo o humano e adverte ao não crente sobre o perigo de se converter nos "últimos homens nietzscheanos".

O que está acontecendo na Europa atual pode servir de advertência: por compreensível respeito à pluralidade, a Europa se recusou a explicar suas *raízes cristãs* em sua declaração de identidade. Nada a objetar. Mas hoje assistimos ao drama progressivo de que a Europa está perdendo suas raízes *humanas,* e estamos começando a entoar aquele canto: "o fascismo veio, ninguém sabe como foi" (ainda que todos o saibamos perfeitamente).

Neste contexto de exílio de Deus valem hoje, mais do que nunca, as palavras de Jesus: "não entrará no Reino de Deus todo aquele que diz 'Senhor, Senhor', mas aquele que cumpre a vontade do Pai". E a vontade do Pai é a dignidade dos filhos, a liberdade para amar, e não para o egoísmo; a fraternidade e a igualdade entre todos os humanos e o cuidado da casa comum.

Para manter vivo e ativo esse significado transformador, os crentes, muito mais do que propagar a fé em Deus, terão que se esforçar para não oferecerem falsas imagens de Deus, mas para converterem a própria crença nele em autêntica fé, bem como dotar essa fé da máxima radicalidade possível. Nas palavras de Barth: "Lançar-se no vazio e amar (confiadamente) o Deus invisível"[54]. Não esqueçamos nunca que foram os crentes em Deus que condenaram à morte a revelação pessoal de Deus em Jesus Cristo. E isso, não por serem judeus (como buscamos nos enganar por muito tempo), mas por crerem numa imagem distorcida de Deus. Muito cuidado, portanto!

Relendo agora os textos citados no frontispício destas páginas, após ter-me detido calmamente neles, acredito ser possível um duplo balanço:

- Por um lado, a necessidade de aceitar que não somos deuses, sem com isso cairmos numa falsa resignação que renuncia à criatividade.
- Por outro lado, aceitar que, com Deus ou sem Ele, o grande valor de nossa humanidade, ao qual devemos arduamente aspirar, seja o de uma sociedade na qual a fraternidade flua como água e a igualdade como um rio perene (parafraseando o Profeta Amós). E isto a partir da mais autêntica e verdadeira liberdade.

Isto, creio eu, vale para todos, crentes ou não crentes. Ao crente poderia deixar ainda três jogos de palavras que podem lhe ser úteis: tentar sentir Deus como Mistério *avassalador e aco-*

54. A fé foi definida assim por Karl Barth em seu *Comentario a la Carta a los Romanos*, p. 124.

lhedor; saber que Ele pede para *esforçar-se sem forçar-se*; e compreender que a fé *sempre é uma canção, ainda que nem sempre consolação*.

Dito isto, e não obstante tudo, devo acrescentar que é possível que eu não tenha acertado, ou nem sempre acertado, nos apêndices de exemplos atuais nos quais tentei, às vezes, projetar esse significado transformador. Eu os coloquei, sobretudo, como uma tentativa de mostrar que *a partir de Deus* podemos falar de todos os temas. Algo diferente é que se fale bem: o Islã, por exemplo, deveria manter essa visão da presença de Deus em tudo, mesmo quando, em minha opinião, necessita ilustrá-la e libertá-la de imediatismos mais falsamente piedosos do que verdadeiramente teológicos. Imediatismos que, sobretudo alguns atuais, muitas vezes confundem com Deus uma *causa segunda* deste mundo e não permitem que Ele seja Luz que ilumina nossa realidade e a nós mesmos.

Se, pois, em algumas de minhas aterrissagens me equivoquei, cabe ao leitor distinguir entre o que é um universo (teologal) de valores e de significados, e o que são anedotas concretas, cujo conhecimento jamais conseguiremos alcançar ou esgotar totalmente.

Entretanto, a partir dessa fé configurada pelo acontecimento Jesus Cristo, *o significado último do evento Deus é que nossa vida não caminha para o nada*: a morte é, na realidade, um novo nascimento, e nossa vida nesta terra é uma espécie de gravidez consciente.